DAS ULTIMATIVE FETA KÄSE KOCHBUCH

Eine Reise in die Welt des Feta-Käses. Entdecken Sie köstliche Rezepte und inspirierende Techniken

Irene Wolf

Urheberrechtliches Material ©2023

Alle Rechte vorbehalten

Kein Teil dieses Buches darf ohne die entsprechende schriftliche Zustimmung des Herausgebers und Urheberrechtsinhabers in irgendeiner Form oder auf irgendeine Weise verwendet oder übertragen werden, mit Ausnahme von kurzen Zitaten, die in einer Rezension verwendet werden. Dieses Buch sollte nicht als Ersatz für medizinische, rechtliche oder andere professionelle Beratung betrachtet werden.

INHALTSVERZEICHNIS

INHALT 3
EINFÜHRUNG 6
FRÜHSTÜCK 7
1. Feta-Oliven-Pfannkuchen 8
2. Im Holzofen gebackene Shakshuka 10
3. Spinat-Feta-Waffeln 12
4. Soufflé-Omelett mit Feta und getrockneten Tomaten 14
5. Garnelen-Spinat-Omelett 16
6. Mediterraner Omelett-Wrap 18
7. Spinat-Ei-Feta-Ravioli 20
8. Ravioli-Spinat-Rührei 22
9. Spinat-Feta-Croissants 24
10. Minz-Feta-Omelett 26
11. Frittata mit sonnengetrockneten Tomaten und Feta-Käse ... 28
12. Frühstücksschüssel mit sonnengetrockneten Tomaten und Feta 30
13. Acharuli Khachapuri 32
14. Spinat-Feta-Donuts 35
15. Oregano-Feta-Biscotti 37
16. Spinat-Feta-Biscotti 39
17. Eier- und Artischockenschichten 41
BROT 43
18. Tiropsomo 44
19. Tiropita 47
20. Gözleme 49
21. Poğaça 52
22. Dakos 55
23. Eliopsomo 57
PIZZA UND PIZZETTEN 59
24. Thunfischpizza mit Caponata und Prosciutto 60
25. Feigen-, Zwiebel- und Microgreen-Pizzettes 62
26. Mit Zitrone geröstete Brokkoli-Vollkornpizza 65
27. Mediterrane Pizza 67
28. Griechische Pizza 69
29. Spinat-Feta-Pizzette 71
30. Pizza mit geröstetem Gemüse und Feta 74
SNACKS UND VORSPEISEN 77
31. Spargel- und Feta-Häppchen 78

32. Oliven- und Feta-Bällchen 80
33. Spinat- und Feta-Windräder 82
34. Minze-Feta-Bruschetta 84
35. Mit Minze und Feta gefüllte Paprika 86
36. Dip aus sonnengetrockneten Tomaten und Feta-Käse 88
37. Reis-, Auberginen- und Feta-Krapfen 90
38. Griechische Hühnchen-Nachos 93
39. Drachenfrucht-Bruschetta 95
40. Bruschetta aus einer Olive 97
41. Spinat-Feta-Wonton-Quiches 99
42. Geröstete Rote Bete mit Feta und Dukkah 101

Wraps und Sandwiches 103
43. Pita, Pesto und Parmesan 104
44. Wrap aus sonnengetrockneten Tomaten und Feta 106
45. Griechische Putenburger 108
46. Mediterraner Gemüse-Wrap 110
47. Gegrilltes Hähnchen-Feta-Salat-Sandwich 112
48. Mediterraner Portobello-Pilz-Burger 114
49. Griechisches Hühnchen-Pita 116
50. Mit Feta und Spinat gefüllter Truthahnburger 118
51. Caprese-Hähnchen-Wrap 120
52. Mit Feta und Spinat gefüllter Portobello-Pilz-Burger 122
53. Griechischer Kichererbsensalat-Wrap 124
54. Mit Feta und Spinat gefülltes Hähnchenbrustsandwich: 126

HAUPTKURS 128
55. Marokkanische Lammlasagne 129
56. Griechische Moussaka-Lasagne 132
57. Vier-Käse-Lasagne 135
58. Feta-Oliven-Lasagne 137
59. Basilikum-Puttanesca-Muscheln 139
60. Mit sonnengetrockneten Tomaten und Spinat gefülltes Hähnchen 141
61. Portobellos aus sonnengetrockneten Tomaten und Feta 143
62. Thunfischbrot mit sonnengetrockneten Tomaten und Feta 145

SUPPEN 147
63. Brokkoli-Microgreen-Suppe mit Feta 148
64. Spinat-Feta-Makkaroni-Käse-Suppe 152
65. Tomaten-Feta-Suppe 148
66. Spinat-Feta-Suppe 154

67. Geröstete rote Paprika-Feta-Suppe 156
68. Linsen-Feta-Suppe 158
SALATE **160**
69. Tomatensalat mit gegrilltem Brot 161
70. Mediterraner Gnocchi-Salat 163
71. Spinat-Feta-Gnocchi-Salat 165
72. Spargel-Quinoa-Salat 167
73. Hummer-, Feta- und Ravioli-Salat 169
74. Caesar-Salat aus dem Holzofen 171
75. Hibiskus-Quinoa-Salat 173
76. Wassermelone mit Rettich-Microgreens-Salat 175
77. Griechischer Raviolisalat 177
78. Minziger Wassermelonensalat 179
79. Minz-Orangen-Salat 181
80. Salat mit sonnengetrockneten Tomaten und Feta 183
81. Griechischer Makkaroni-Käse-Salat 185
82. Gegrillter Wassermelonensalat 187
83. Gegrillter Pfirsich-Rucola-Salat 189
84. Drachenfrucht-Quinoa-Salat 191
85. Amaretto-Erdbeersalat 193
86. Griechischer Wonton-Salat 195
87. Petersilien-Gurken-Salat mit Feta 197
88. Herbstsalat mit Goji-Beeren 199
GEWÜRZE UND BEILAGEN **201**
89. Geladene griechische Pommes 202
90. Topinambur mit Granatapfel 204
91. Käse-Artischockenpesto 206
92. Spinat und Kartoffeln 208
NACHTISCH **210**
93. Wassermelone und mikrogrüne Verrines 211
94. Mit Mikrogrün gefüllte Spanakopita 213
95. Pot Pie nach libanesischer Art 216
96. Spinat-Feta-Puffs 218
97. Feta-Ricotta-Fondue 220
98. Kräuterkuchen 222
99. Burekas 225
100. Mediterrane Käsetarte 228
ABSCHLUSS **231**

EINFÜHRUNG

Willkommen im faszinierenden Reich des Feta-Käses! In diesem Kochbuch laden wir Sie zu einem kulinarischen Abenteuer ein, bei dem die würzigen, cremigen und salzigen Aromen von Feta im Mittelpunkt stehen. Von einfachen Salaten und Vorspeisen bis hin zu herzhaften Hauptgerichten und köstlichen Desserts ist Feta-Käse eine vielseitige Zutat, die jedem Gericht eine unverwechselbare Note verleiht. Feta-Käse hat mit seiner reichen Geschichte und seinem mediterranen Erbe die Herzen und Gaumen von Feinschmeckern auf der ganzen Welt erobert. Feta ist für seine krümelige Konsistenz und seinen einzigartigen Geschmack bekannt und hat die Kraft, gewöhnliche Mahlzeiten in außergewöhnliche Festmahle zu verwandeln. In diesem Kochbuch feiern wir den Charme und die Vielseitigkeit von Feta und präsentieren Ihnen eine Reihe von Rezepten, die sein wahres Potenzial zeigen. Auf diesen Seiten entdecken Sie eine Schatzkammer köstlicher Rezepte, die Feta-Käse in seiner ganzen Pracht zeigen. Von klassischen griechischen Gerichten wie Spanakopita und griechischem Salat bis hin zu innovativen Kreationen wie mit Feta gefüllten Burgern und mit Feta angereicherten Desserts haben wir eine Kollektion zusammengestellt, die für jeden Geschmack und Anlass etwas bietet. Ganz gleich, ob Sie Vegetarier, Käseliebhaber oder einfach jemand sind, der Ihren Mahlzeiten einen Hauch von Geschmack verleihen möchte, dieses Kochbuch hat etwas für Sie.

Doch dieses Kochbuch ist mehr als nur eine Zusammenstellung von Rezepten. Wir tauchen auch in die faszinierende Welt des Feta-Käses ein und teilen seine Geschichte, Herstellungsmethoden und Tipps zur Auswahl und Lagerung dieses beliebten Käses. Wir führen Sie durch die verschiedenen Feta-Sorten und helfen Ihnen zu verstehen, wie Sie ihn mit anderen Zutaten kombinieren, um harmonische Geschmacksprofile zu schaffen. Mit unserer Schritt-für-Schritt-Anleitung und kulinarischen Tipps werden Sie im Handumdrehen zum Feta-Genießer.

Egal, ob Sie eine Dinnerparty veranstalten, Inspiration für ein Familienessen suchen oder einfach nur Lust auf einen mediterranen Geschmack haben – das ultimative Feta-Käse-Kochbuch ist Ihr Leitfaden. Machen Sie sich bereit, die vielfältigen kulinarischen Möglichkeiten von Feta-Käse zu erkunden und Ihre Küche auf ein neues Niveau an Geschmack und Spannung zu heben.

FRÜHSTÜCK

1. Feta-Oliven-Pfannkuchen

ZUTATEN:
- 1 Tasse Allzweckmehl
- 1 Esslöffel Zucker
- 1 Teelöffel Backpulver
- ½ Teelöffel Backpulver
- ¼ Teelöffel Salz
- 1 Tasse Buttermilch
- 1 großes Ei
- 2 Esslöffel geschmolzene Butter
- ½ Tasse zerbröckelter Feta-Käse
- ¼ Tasse gehackte schwarze Oliven

ANWEISUNGEN:
a) In einer Rührschüssel Mehl, Zucker, Backpulver, Natron und Salz verrühren.
b) In einer separaten Schüssel Buttermilch, Ei und geschmolzene Butter verquirlen.
c) Gießen Sie die feuchten Zutaten zu den trockenen Zutaten und rühren Sie, bis alles gut vermischt ist.
d) Den zerbröckelten Feta-Käse und die gehackten schwarzen Oliven unterheben.
e) Erhitzen Sie eine beschichtete Pfanne oder Grillplatte bei mittlerer Hitze und fetten Sie sie leicht ein.
f) Für jeden Pfannkuchen ¼ Tasse Teig in die Pfanne geben. Kochen, bis sich an der Oberfläche Blasen bilden, dann umdrehen und weitere 1–2 Minuten kochen lassen.
g) Mit dem restlichen Teig wiederholen.
h) Servieren Sie die Pfannkuchen mit einer Prise zerbröckeltem Feta-Käse und gehackten Oliven.

2. Im Holzofen gebackenes Shakshuka

ZUTATEN:
- ½ Tasse gewürfelte weiße Zwiebeln
- 3 Knoblauchzehen, gewürfelt
- 1 Tasse gewürfelte frische und rote Tomaten
- 2 Esslöffel Tomatensauce
- 3 Eier
- Meersalz und schwarzer Pfeffer
- 1 Esslöffel Ihres Lieblingsgewürzes
- 1/2 Tasse zerbröselter Feta.
- Schwarze Oliven
- Petersilie
- 2 Esslöffel Olivenöl

ANWEISUNGEN:

a)   In einer gusseisernen Pfanne 2 Esslöffel Olivenöl erhitzen und gewürfelte Zwiebeln und Knoblauch hinzufügen.
b)   Im vorgeheizten Holzofen 5–6 Minuten garen.
c)   2 Esslöffel Tomatensauce und frische Tomaten hinzufügen. Mit Salz, schwarzem Pfeffer und anderen Gewürzen würzen.
d)   Gründlich vermischen und für etwa 5 Minuten wieder in den Ofen stellen, oder bis die Tomatenmischung eindickt und festklebt.
e)   Nehmen Sie das Gusseisen vorsichtig mit hitzebeständigen Handschuhen aus dem Ofen.
f)   Machen Sie ein kleines Loch in die gusseiserne Pfanne und legen Sie jeweils ein Ei vorsichtig an bestimmte Stellen.
g)   Den zerbröckelten Feta und die Oliven dazugeben und die Eier mit einer Prise Salz und Pfeffer bestreuen.
h)   Stellen Sie das Gusseisen ein letztes Mal wieder in den heißen Holzofen, um die Eier fertig zu kochen.

3.Spinat-Feta-Waffeln

ZUTATEN:

- 2 Tassen Allzweckmehl
- 2 Esslöffel Kristallzucker
- 1 Esslöffel Backpulver
- ½ein Teelöffel salz
- 2 große Eier
- 1¾ Tassen Milch
- ⅓Tasse ungesalzene Butter, geschmolzen
- 1 Tasse frischer Spinat, gehackt
- ½Tasse zerbröckelter Feta-Käse
- ¼Teelöffel Knoblauchpulver (optional)
- Frisch gemahlener schwarzer Pfeffer nach Geschmack

ANWEISUNGEN:

a) Heizen Sie Ihr Waffeleisen gemäß den Anweisungen des Herstellers vor.

b) In einer großen Rührschüssel Mehl, Zucker, Backpulver und Salz verrühren.

c) In einer separaten Schüssel die Eier schlagen. Milch und geschmolzene Butter hinzufügen. Schneebesen, bis alles gut vermischt ist.

d) Gießen Sie die feuchten Zutaten zu den trockenen Zutaten und rühren Sie, bis alles gut vermischt ist. Nicht zu viel mischen; ein paar Klumpen sind in Ordnung.

e) Den gehackten Spinat, den zerbröckelten Feta-Käse, das Knoblauchpulver (falls verwendet) und den schwarzen Pfeffer unter den Teig heben.

f) Fetten Sie das Waffeleisen leicht mit Kochspray ein oder bestreichen Sie es mit zerlassener Butter.

g) Gießen Sie den Teig in das vorgeheizte Waffeleisen und verwenden Sie dabei die empfohlene Menge entsprechend der Größe Ihres Waffeleisens. Den Deckel schließen und backen, bis die Waffeln goldbraun und knusprig sind.

h) Nehmen Sie die Waffeln vorsichtig aus dem Eisen und legen Sie sie zum leichten Abkühlen auf einen Rost.

i) Wiederholen Sie den Vorgang mit dem restlichen Teig, bis alle Waffeln fertig sind.

4. Soufflé-Omelett mit Feta und getrockneten Tomaten

ZUTATEN:
- 3 mittelgroße Eier; getrennt
- 1 Esslöffel Wasser
- 2 Teelöffel sonnengetrocknete Tomatenmark
- 25 Gramm Butter; (1 Unze)
- ½ 200 g Packung Fetakäse; in kleine Würfel schneiden
- 3 getrocknete Tomaten; grob gehackt
- 4 schwarze Oliven; in Viertel schneiden
- 15 Gramm frisches Basilikum; grob gehackt
- Salz und frisch gemahlener schwarzer Pfeffer

ANWEISUNGEN:

a) Eigelb und Wasser verrühren. Das Eiweiß leicht schaumig schlagen und mit dem Eigelb vermengen. Tomatenmark unterrühren.

b) Die Butter in einer Bratpfanne erhitzen, bis sie heiß ist. Die Eiermischung dazugeben und kochen lassen, bis der obere Rand fest und die Mitte weich ist.

c) Den Käse, die getrockneten Tomaten, die Oliven, das frische Basilikum und die Gewürze auf eine Hälfte des Omeletts legen und die andere Hälfte darüberklappen, so dass ein Deckel entsteht.

d) Auf einen Teller geben und sofort servieren.

5.Garnelen-Spinat-Omelett

ZUTATEN:
- 4 große Eier
- 1/2 Tasse gekochte Garnelen, geschält und entdarmt
- 1 Tasse frische Spinatblätter
- 1/4 Tasse zerbröckelter Feta-Käse
- Salz und Pfeffer nach Geschmack
- 1 Esslöffel Olivenöl

ANWEISUNGEN:

a) Die Eier in einer Schüssel verquirlen und mit Salz und Pfeffer würzen.

b) Olivenöl in einer Pfanne bei mittlerer Hitze erhitzen.

c) Die Spinatblätter in die Pfanne geben und kochen, bis sie zusammengefallen sind.

d) Die gekochten Garnelen in die Pfanne geben und eine weitere Minute kochen lassen.

e) Gießen Sie die geschlagenen Eier in die Pfanne und achten Sie darauf, dass sie die Garnelen und den Spinat gleichmäßig bedecken.

f) Lassen Sie das Omelett einige Minuten ungestört kochen, bis es anfängt fest zu werden.

g) Heben Sie die Ränder des Omeletts vorsichtig mit einem Spatel an und kippen Sie die Pfanne, damit die ungekochten Eier an die Ränder fließen können.

h) Streuen Sie den zerbröckelten Feta-Käse über eine Hälfte des Omeletts.

i) Weiter kochen, bis das Omelett fest, aber in der Mitte noch leicht flüssig ist.

j) Falten Sie das Omelett vorsichtig in der Mitte und geben Sie es auf einen Teller.

k) Heiß servieren.

6.Mediterraner Omelett-Wrap

ZUTATEN:
- 3 große Eier
- 1/4 Tasse gewürfelte Tomaten
- 1/4 Tasse gewürfelte Gurke
- 1/4 Tasse zerbröckelter Feta-Käse
- 1 Esslöffel gehackte frische Petersilie
- Salz und Pfeffer nach Geschmack
- Olivenöl
- Tortilla-Wrap

ANWEISUNGEN:

a) Schlagen Sie die Eier in eine Schüssel und verquirlen Sie sie, bis sie gut verquirlt sind. Mit Salz und Pfeffer würzen.

b) Einen Spritzer Olivenöl in einer Pfanne bei mittlerer Hitze erhitzen.

c) Die gewürfelten Tomaten und Gurken in die Pfanne geben und anbraten, bis sie leicht weich sind.

d) Gießen Sie die geschlagenen Eier in die Pfanne und kochen Sie sie unter vorsichtigem Falten und Rühren, bis sie fest sind.

e) Streuen Sie den zerbröckelten Feta-Käse und die gehackte frische Petersilie über das gekochte Omelett.

f) Legen Sie die Omelettmischung in die Mitte eines Tortilla-Wraps.

g) Falten Sie die Seiten der Tortilla über das Omelett und rollen Sie es fest auf.

h) Optional: Erhitzen Sie den Wrap in einer Pfanne oder drücken Sie ihn, bis er warm und leicht knusprig ist.

i) Den Wrap nach Belieben halbieren und servieren.

7.Spinat-, Ei- und Feta-Ravioli

ZUTATEN:
- 1 Packung Raviolipapier
- 2 Tassen frischer Spinat, gehackt
- ½ Tasse zerbröckelter Feta-Käse
- 2 Knoblauchzehen, gehackt
- 1 Esslöffel Olivenöl
- Salz und Pfeffer nach Geschmack
- Pochierte Eier (optional)

ANWEISUNGEN:

a) In einer Pfanne das Olivenöl bei mittlerer Hitze erhitzen. Den gehackten Knoblauch hinzufügen und eine Minute lang anbraten, bis er duftet.

b) Den gehackten Spinat in die Pfanne geben und kochen, bis er zusammenfällt. Mit Salz und Pfeffer würzen.

c) Nehmen Sie die Pfanne vom Herd und lassen Sie die Spinatmischung etwas abkühlen. Den zerbröckelten Feta-Käse unterrühren.

d) Geben Sie einen Löffel der Spinat-Feta-Mischung auf eine Ravioli-Hülle. Falten Sie die Verpackung um und drücken Sie die Ränder fest, um sie zu verschließen.

e) Wiederholen Sie den Vorgang mit den restlichen Wraps und der Füllung.

f) Kochen Sie die Ravioli nach Packungsanleitung oder bis sie an der Oberfläche schwimmen.

g) Servieren Sie die Spinat-Feta-Frühstücksravioli mit pochierten Eiern darüber, falls gewünscht.

8.Ravioli-Spinat-Rührei

ZUTATEN:
- 1 Packung Käse- oder Spinat-Ravioli
- 6 Eier, geschlagen
- 1 Tasse frische Spinatblätter
- ¼ Tasse gewürfelte Tomaten
- ¼ Tasse zerbröckelter Feta-Käse
- Salz und Pfeffer nach Geschmack

ANWEISUNGEN:

a)   Ravioli nach Packungsanleitung zubereiten. Abtropfen lassen und beiseite stellen.
b)   In einer Pfanne die Eier bei mittlerer Hitze verrühren.
c)   Geben Sie die gekochten Ravioli, frischen Blattspinat, gewürfelte Tomaten und zerbröckelten Feta-Käse in die Pfanne.
d)   Mit Salz und Pfeffer würzen.
e)   Weiter kochen und umrühren, bis der Spinat zusammenfällt und die Zutaten gut vermischt sind.
f)   Ravioli und Spinat-Rührei heiß servieren.

9.Spinat-Feta-Croissants

ZUTATEN:
- Einfacher Croissant-Teig
- 1 Tasse frischer Spinat, gehackt
- 1/2 Tasse zerbröselter Feta-Käse
- 1 Ei mit 1 Esslöffel Wasser verquirlt

ANWEISUNGEN:
a) Den Croissant-Teig zu einem großen Rechteck ausrollen.
b) Den Teig in Dreiecke schneiden.
c) Auf jedes Dreieck gehackten Spinat und zerbröckelten Feta-Käse geben.
d) Rollen Sie jedes Dreieck, beginnend am breiten Ende, auf und formen Sie es zu einem Halbmond.
e) Die Croissants auf ein mit Backpapier ausgelegtes Backblech legen und 1 Stunde gehen lassen.
f) Heizen Sie den Ofen auf 200 °C (400 °F) vor und bestreichen Sie die Croissants mit Eigelb.
g) Die Croissants 20–25 Minuten backen, bis sie goldbraun sind und der Käse geschmolzen ist.

10.Minz-Feta-Omelett

ZUTATEN:
- 2 Eier
- 1 Esslöffel Butter
- 1 Esslöffel zerbröckelter Feta-Käse
- 1 Esslöffel gehackte frische Minzblätter
- Salz und Pfeffer nach Geschmack

ANWEISUNGEN:
a) In einer kleinen Schüssel Eier, Salz und Pfeffer verquirlen.
b) Die Butter in einer beschichteten Pfanne bei mittlerer Hitze schmelzen.
c) Gießen Sie die Eiermischung in die Pfanne und schwenken Sie sie, bis der Boden bedeckt ist.
d) 2-3 Minuten kochen lassen oder bis der Boden fest ist.
e) Streuen Sie den Feta-Käse und die Minzblätter über eine Hälfte des Omeletts.
f) Falten Sie die andere Hälfte des Omeletts mit einem Spatel über die Füllung.
g) Weitere 1-2 Minuten kochen lassen oder bis der Käse geschmolzen und das Ei durchgekocht ist.
h) Sofort servieren und genießen!

11.Frittata mit sonnengetrockneten Tomaten und Feta-Käse

ZUTATEN:
- 6 Eier
- ¼ Tasse zerbröckelter Feta-Käse
- 2 EL gehackte sonnengetrocknete Tomaten
- ¼ Tasse gehackte frische Petersilie
- Salz und Pfeffer nach Geschmack

ANWEISUNGEN:
a) Heizen Sie den Ofen auf 375 °F vor.
b) In einer Schüssel die Eier mit Salz, Pfeffer und Petersilie verquirlen.
c) Feta-Käse und sonnengetrocknete Tomaten unterrühren.
d) Erhitzen Sie eine ofenfeste 10-Zoll-Pfanne bei mittlerer Hitze.
e) Die Eiermischung in die Pfanne geben und 5 Minuten kochen lassen.
f) Stellen Sie die Pfanne in den Ofen und backen Sie sie 10–15 Minuten lang, bis die Frittata fest ist.

12. Frühstücksschüssel mit sonnengetrockneten Tomaten und Feta

ZUTATEN:
- 1 Tasse gekochte Quinoa
- 2 Eier
- ¼ Tasse zerbröckelter Feta-Käse
- 2 EL gehackte sonnengetrocknete Tomaten
- Salz und Pfeffer nach Geschmack

ANWEISUNGEN:
a) In einer Schüssel die Eier mit Salz und Pfeffer verquirlen.
b) Eine beschichtete Pfanne bei mittlerer Hitze erhitzen.
c) Die Eier in die Pfanne geben und kochen, bis sie verrührt sind.
d) In einer separaten Schüssel Quinoa, Feta-Käse und sonnengetrocknete Tomaten vermischen.
e) Die Rühreier auf die Quinoa-Mischung geben.

13. Acharuli Khachapuri

ZUTATEN:

TEIG
- 2 Tassen / 250 g Brotmehl
- 1½ TL schnell aufgehende aktive Trockenhefe
- 1 großes Freilandei, geschlagen
- ½ Tasse / 110 g griechischer Joghurt
- ¼ Tasse / 60 ml lauwarmes Wasser
- ½ TL Salz

FÜLLUNG
- 1½ oz / 40 g Halloumi-Käse, in 0,5 cm große Würfel geschnitten
- 2 EL / 20 g zerbröselter Feta-Käse
- ¼ Tasse / 60 g Ricotta-Käse
- ¼ Tasse / 60 g Ricotta-Käse
- ¼ TL zerstoßener schwarzer Pfeffer
- ⅛ TL Salz, plus etwas Salz zum Schluss
- ½ EL gehackter Thymian, plus etwas mehr zum Bestreuen
- ½ EL Za'atar
- abgeriebene Schale einer halben Zitrone
- 6 große Eier aus Freilandhaltung
- Olivenöl zum Servieren

ANWEISUNGEN:

a) Beginnen Sie mit dem Teig. Das Mehl in eine große Rührschüssel sieben und die Hefe hinzufügen. Leicht mischen. Machen Sie eine Mulde in der Mitte und gießen Sie die Hälfte des Eies (behalten Sie die andere Hälfte zum späteren Bepinseln der Brötchen), Joghurt und das lauwarme Wasser hinein. Streuen Sie das Salz um den Brunnen herum.

b) Beginnen Sie mit dem Rühren der Mischung und fügen Sie bei Bedarf etwas mehr Wasser hinzu (nicht viel; dieser Teig sollte trocken sein), bis alles zu einem groben Teig zusammenkommt. Auf eine Arbeitsfläche geben und 10 Minuten mit der Hand kneten, bis ein weicher, elastischer Teig entsteht, der nicht klebrig ist. Geben Sie den Teig zurück in die Schüssel, decken Sie ihn mit einem Geschirrtuch ab und lassen Sie ihn 1 bis 1½ Stunden bei Zimmertemperatur gehen, bis sich sein Volumen verdoppelt hat.

c) Nochmals kneten, um die Luft herauszuschlagen. Teilen Sie den Teig in 6 gleiche Portionen und rollen Sie jede zu einer Kugel. Auf eine leicht bemehlte Fläche legen, mit einem Handtuch abdecken und 30 Minuten gehen lassen.

d) Für die Füllung alle Zutaten außer den Eiern und dem Olivenöl vermischen und gut verrühren. Legen Sie ein Backblech in den Ofen und heizen Sie es auf 220 °C vor.

e) Rollen Sie die Teigkugeln auf einer gut bemehlten Oberfläche zu Kreisen mit einem Durchmesser von 16 cm und einer Dicke von etwa 2 mm. Sie können dies mit einem Nudelholz oder durch Dehnen mit den Händen tun.

f) Etwa ein Sechstel der Käsefüllung auf die Mitte jedes Kreises geben und leicht nach links und rechts verteilen, sodass sie fast die beiden Ränder des Kreises erreicht. Nehmen Sie die rechte und linke Seite zwischen Ihre Finger und drücken Sie sie zusammen, während Sie den Teig ein wenig dehnen, sodass ein länglicher, bootförmiger Teig mit dem Käse in der Mitte entsteht. Richten Sie die Seitenwände gerade aus und versuchen Sie, sie mindestens 3 cm hoch und breit zu machen, damit in der Mitte genügend Platz für den Käse und das ganze Ei bleibt, das später hinzugefügt wird. Drücken Sie die Enden noch einmal zusammen, damit sie sich beim Kochen nicht öffnen.

g) Bestreichen Sie die Brötchen mit dem restlichen halben Ei und legen Sie sie auf ein Blatt Backpapier in der Größe Ihres Backblechs. Streuen Sie einige Thymianblätter über die Brötchen. Nehmen Sie das Backblech aus dem Ofen, legen Sie schnell das Backpapier und die Brötchen auf die Pfanne und stellen Sie die Pfanne direkt wieder in den Ofen. 15 Minuten backen, bis die Ränder goldbraun sind.

h) Nehmen Sie das Backblech aus dem Ofen. Schlagen Sie ein Ei in eine kleine Tasse. Heben Sie das Eigelb vorsichtig mit den Fingern an, ohne es zu zerbrechen, und legen Sie es in die Mitte einer der Rollen. Gießen Sie so viel Eiweiß hinzu, wie hineinpasst, und wiederholen Sie den Vorgang mit den restlichen Eiern und Brötchen. Machen Sie sich keine Sorgen, wenn etwas Eiweiß überläuft. es ist alles Teil des rustikalen Charmes. Die Pfanne wieder in den Ofen stellen und 5 Minuten backen. Das Eiweiß sollte fest sein und das Eigelb sollte flüssig bleiben. Lassen Sie es 5 Minuten abkühlen, bevor Sie es mit Olivenöl beträufeln, mit Salz bestreuen und servieren.

14. Spinat-Feta-Donuts

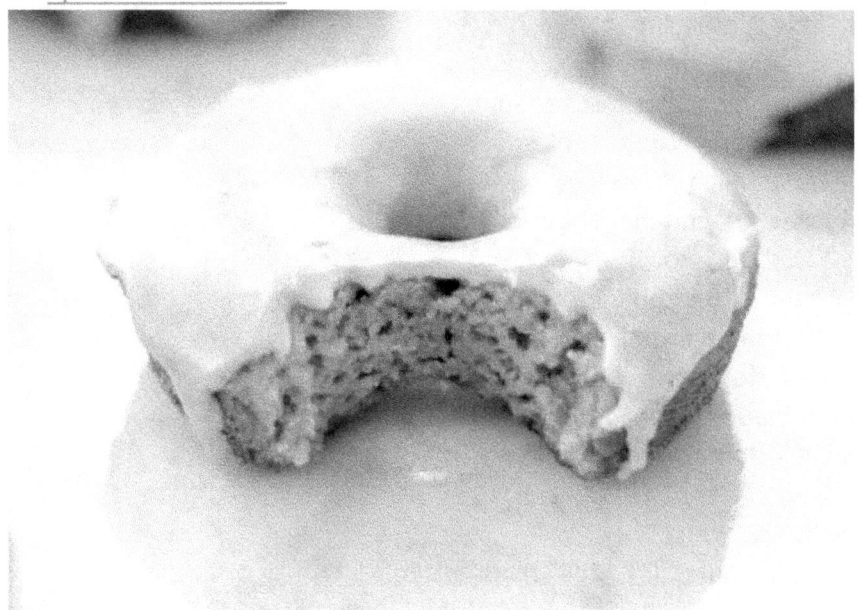

ZUTATEN:
- 1 Tasse Allzweckmehl
- ½ Tasse Vollkornmehl
- ½ Tasse gehackter frischer Spinat
- ½ Tasse zerbröckelter Feta-Käse
- ⅓ Tasse Milch
- ⅓ Tasse griechischer Naturjoghurt
- ¼ Tasse Olivenöl
- 1 Teelöffel Backpulver
- ½ Teelöffel Backpulver
- ¼ Teelöffel Salz
- 2 Knoblauchzehen, gehackt
- ¼ Teelöffel schwarzer Pfeffer

ANWEISUNGEN:

a) Backofen auf 350°F (180°C) vorheizen.

b) In einer großen Schüssel Mehl, Backpulver, Natron, Salz und schwarzen Pfeffer vermischen.

c) In einer anderen Schüssel gehackten Spinat, zerbröckelten Feta-Käse, Milch, griechischen Joghurt, Olivenöl und gehackten Knoblauch vermischen.

d) Die feuchten Zutaten zu den trockenen Zutaten hinzufügen und verrühren, bis alles gut vermischt ist.

e) Geben Sie den Teig in eine gefettete Donutform und backen Sie ihn 12–15 Minuten lang oder bis ein Zahnstocher, der in die Mitte gesteckt wird, sauber herauskommt.

f) Lassen Sie es 5 Minuten in der Pfanne abkühlen, bevor Sie es zum vollständigen Abkühlen auf einen Rost legen.

15.Oregano und Feta-Biscotti

ZUTATEN:
- 2 Tassen Allzweckmehl
- 1 Teelöffel Backpulver
- 1/2 Teelöffel Salz
- 1/2 Tasse ungesalzene Butter, weich
- 1/2 Tasse Kristallzucker
- 2 große Eier
- 1 Esslöffel gehackter frischer Oregano
- 1/2 Tasse zerbröselter Feta-Käse

ANWEISUNGEN:

a) Heizen Sie Ihren Backofen auf 350 °F (175 °C) vor. Ein großes Backblech mit Backpapier auslegen.

b) Mehl, Backpulver und Salz in einer mittelgroßen Schüssel gut verrühren.

c) In einer separaten großen Rührschüssel mit einem Elektromixer Butter und Zucker etwa 2–3 Minuten lang cremig rühren, bis die Masse leicht und locker ist.

d) Die Eier nacheinander unterrühren, anschließend den gehackten Oregano und den zerbröckelten Feta-Käse hinzufügen.

e) Nach und nach die trockenen Zutaten untermischen und mit einem Spatel verrühren, bis ein Teig entsteht.

f) Teilen Sie den Teig in zwei gleiche Teile und formen Sie jeden zu einem etwa 30 cm langen und 5 cm breiten Block.

g) Legen Sie die Holzscheite auf das vorbereitete Backblech und backen Sie sie 25 bis 30 Minuten lang oder bis sie sich fest anfühlen.

h) Nehmen Sie die Holzscheite aus dem Ofen und lassen Sie sie 5–10 Minuten auf dem Backblech abkühlen.

i) Schneiden Sie die Holzscheite mit einem gezackten Messer in 1/2 Zoll dicke Scheiben und legen Sie sie mit der Schnittseite nach unten zurück auf das Backblech.

j) Geben Sie die Biscotti wieder in den Ofen und backen Sie sie weitere 10–15 Minuten lang oder bis sie knusprig und trocken sind.

k) Lassen Sie die Biscotti vor dem Servieren auf einem Kuchengitter vollständig abkühlen.

16.Spinat-Feta-Biscotti

ZUTATEN:
- 2 Tassen Allzweckmehl
- 1 Teelöffel Backpulver
- 1/2 Teelöffel Salz
- 1/2 Tasse ungesalzene Butter, weich
- 1/2 Tasse Kristallzucker
- 2 große Eier
- 1/4 Tasse gehackter Spinat, trocken ausgedrückt
- 1/2 Tasse zerbröselter Feta-Käse

ANWEISUNGEN:

a) Heizen Sie Ihren Backofen auf 350 °F (175 °C) vor. Ein großes Backblech mit Backpapier auslegen.

b) Mehl, Backpulver und Salz in einer mittelgroßen Schüssel gut verrühren.

c) In einer separaten großen Rührschüssel mit einem Elektromixer Butter und Zucker etwa 2–3 Minuten lang cremig rühren, bis die Masse leicht und locker ist.

d) Die Eier nacheinander unterrühren, anschließend den gehackten Spinat und den zerbröckelten Feta-Käse hinzufügen.

e) Nach und nach die trockenen Zutaten untermischen und mit einem Spatel verrühren, bis ein Teig entsteht.

f) Teilen Sie den Teig in zwei gleiche Teile und formen Sie jeden zu einem etwa 30 cm langen und 5 cm breiten Block.

g) Legen Sie die Holzscheite auf das vorbereitete Backblech und backen Sie sie 25 bis 30 Minuten lang oder bis sie sich fest anfühlen.

h) Nehmen Sie die Holzscheite aus dem Ofen und lassen Sie sie 5–10 Minuten auf dem Backblech abkühlen.

i) Schneiden Sie die Holzscheite mit einem gezackten Messer in 1/2 Zoll dicke Scheiben und legen Sie sie mit der Schnittseite nach unten zurück auf das Backblech.

j) Geben Sie die Biscotti wieder in den Ofen und backen Sie sie weitere 10–15 Minuten lang oder bis sie knusprig und trocken sind.

k) Lassen Sie die Biscotti vor dem Servieren auf einem Kuchengitter vollständig abkühlen.

17. Eier- und Artischockenschichten

ZUTATEN:
- 1 Esslöffel natives Olivenöl extra
- 1 mittelgroße gelbe Zwiebel, gehackt
- 8 Unzen gefrorener gehackter Spinat
- ½ Tasse sonnengetrocknete Tomaten, abgetropft und grob gehackt
- 14-Unzen-Dose Artischockenherzen, abgetropft und geviertelt
- 2 ½ gepackte Tassen gewürfeltes Baguette
- Salz und schwarzer Pfeffer nach Geschmack
- ⅔ Tasse Feta-Käse, zerbröselt
- 8 Eier
- 1 Tasse Milch
- 1 Tasse Hüttenkäse
- 2 Esslöffel gehacktes frisches Basilikum
- 3 Esslöffel geriebener Parmesankäse

ANWEISUNGEN:

a) Ofen auf 350 F vorheizen.

b) Olivenöl in einer großen gusseisernen Pfanne bei mittlerer Hitze erhitzen. Fügen Sie die Zwiebel hinzu und braten Sie sie 3 Minuten lang oder bis sie weich ist.

c) Spinat einrühren und kochen, bis er aufgetaut ist und der größte Teil der Flüssigkeit verdampft ist. Schalten Sie die Heizung aus.

d) Getrocknete Tomaten, Artischockenherzen und Baguette unterrühren, bis alles gut verteilt ist. Mit Salz und schwarzem Pfeffer würzen und Feta-Käse darüber streuen; beiseite legen.

e) In einer mittelgroßen Schüssel Eier, Milch, Hüttenkäse und Basilikum verquirlen. Gießen Sie die Mischung über die Spinatmischung und klopfen Sie vorsichtig mit einem Löffel darauf, damit sich die Eiermischung gut verteilt. Parmesankäse darüberstreuen.

f) Die Pfanne in den Ofen stellen und 35 bis 45 Minuten backen, bis die Oberfläche goldbraun ist und die Eier fest sind.

g) Pfanne herausnehmen; Schichten in Spalten schneiden und warm servieren.

BROT

18. Tiropsomo

ZUTATEN:
- 4 Tassen Allzweckmehl
- 2 Teelöffel aktive Trockenhefe
- 1 Teelöffel Zucker
- 1 Teelöffel Salz
- ¼ Tasse Olivenöl
- 1 Tasse lauwarmes Wasser
- 1 ½ Tassen zerbröckelter Feta-Käse
- ½ Tasse gehackte frische Petersilie
- ¼ Tasse gehackter frischer Dill (optional)
- ¼ Tasse gehackte Frühlingszwiebeln (optional)
- Eierwaschmittel (1 Ei mit 1 Esslöffel Wasser geschlagen)

ANWEISUNGEN:

a) In einer kleinen Schüssel den Zucker im lauwarmen Wasser auflösen. Streuen Sie die Hefe über das Wasser und lassen Sie es etwa 5 Minuten lang ruhen, bis es schaumig ist.

b) In einer großen Rührschüssel Mehl und Salz vermischen. Machen Sie in der Mitte eine Mulde und gießen Sie das Olivenöl und die Hefemischung hinein. Mit einem Holzlöffel oder den Händen verrühren, bis der Teig anfängt, sich zu verbinden.

c) Geben Sie den Teig auf eine bemehlte Oberfläche und kneten Sie ihn etwa 5–7 Minuten lang oder bis der Teig glatt und elastisch ist.

d) Geben Sie den Teig in eine gefettete Schüssel, decken Sie ihn mit einem sauberen Küchentuch ab und lassen Sie ihn an einem warmen Ort etwa 1 Stunde lang gehen, bis er sein Volumen verdoppelt hat.

e) Heizen Sie Ihren Backofen auf 375 °F (190 °C) vor. Ein Backblech einfetten und bemehlen.

f) Den aufgegangenen Teig ausstanzen und auf eine bemehlte Fläche geben. Rollen Sie es zu einem etwa ½ Zoll dicken Rechteck aus.

g) Den zerbröckelten Feta-Käse, gehackte Petersilie, Dill (falls verwendet) und Frühlingszwiebeln (falls verwendet) gleichmäßig über den Teig streuen.

h) Beginnen Sie an einem langen Ende und rollen Sie den Teig fest in eine Klotzform. Drücken Sie die Ränder zusammen, um sie zu versiegeln.

i) Legen Sie den ausgerollten Teig auf das vorbereitete Backblech und bestreichen Sie die Oberfläche mit dem Eigelb.

j) Im vorgeheizten Backofen etwa 30–35 Minuten backen, oder bis das Brot goldbraun ist und beim Klopfen auf den Boden hohl klingt.

k) Nehmen Sie das Brot aus dem Ofen und lassen Sie es auf einem Kuchengitter abkühlen, bevor Sie es in Scheiben schneiden und servieren.

l) Genießen Sie Ihr hausgemachtes griechisches Feta-Brot (Tiropsomo)! Es schmeckt pur oder mit Tzatziki oder griechischen Salaten serviert.

19.Tiropita

ZUTATEN:
- 3 Tassen Allzweckmehl
- 1 Tasse warme Milch
- 1 Päckchen (2 ¼ Teelöffel) aktive Trockenhefe
- 1 Teelöffel Zucker
- 1 Teelöffel Salz
- 1 Tasse zerbröckelter Feta-Käse
- ½ Tasse geriebener Kefalotyri- oder Parmesankäse
- 2 Esslöffel Olivenöl

ANWEISUNGEN:

a)   Hefe und Zucker in warmer Milch auflösen und 5 Minuten schaumig rühren lassen.

b)   In einer großen Rührschüssel Mehl und Salz vermischen. In die Mitte eine Mulde drücken und die Hefemischung hineingießen.

c)   Nach und nach das Mehl in die Flüssigkeit einarbeiten und rühren, bis ein Teig entsteht.

d)   Den Teig auf einer leicht bemehlten Arbeitsfläche etwa 5-7 Minuten lang kneten, bis er glatt und elastisch ist.

e)   Geben Sie den Teig in eine gefettete Schüssel, decken Sie ihn mit einem sauberen Küchentuch ab und lassen Sie ihn an einem warmen Ort etwa 1 Stunde lang gehen, bis sich sein Volumen verdoppelt hat.

f)   Heizen Sie den Backofen auf 375 °F (190 °C) vor.

g)   Den Teig ausstanzen und in zwei gleich große Portionen teilen.

h)   Eine Portion zu einem Rechteck ausrollen und die Hälfte des zerbröckelten Feta und geriebenen Käses darüber streuen.

i)   Rollen Sie den Teig fest auf und drücken Sie die Enden zusammen, um den Käse festzuhalten. Wiederholen Sie den Vorgang mit der anderen Teigportion.

j)   Legen Sie die beiden Brötchen auf ein mit Backpapier ausgelegtes Backblech, bestreichen Sie sie mit Olivenöl und backen Sie sie 25–30 Minuten lang oder bis sie goldbraun sind. Lassen Sie sie abkühlen, bevor Sie sie in Scheiben schneiden.

20.Gözleme

ZUTATEN:
FÜR DEN TEIG:
- 3 Tassen Allzweckmehl
- 1 Teelöffel Salz
- 1 Esslöffel Olivenöl
- 1 Tasse warmes Wasser

FÜR DIE FÜLLUNG (SPINAT UND FETAKÄSE):
- 2 Tassen frischer Spinat, gewaschen und gehackt
- 1 Tasse zerbröckelter Feta-Käse
- 1 kleine Zwiebel, fein gehackt
- 2 Esslöffel Olivenöl
- Salz und Pfeffer nach Geschmack

ANWEISUNGEN:

a) In einer großen Rührschüssel Mehl und Salz vermischen. Machen Sie in der Mitte eine Mulde und gießen Sie das Olivenöl und warmes Wasser hinein. Mit einem Holzlöffel oder den Händen verrühren, bis ein weicher und glatter Teig entsteht.

b) Den Teig auf eine bemehlte Arbeitsfläche geben und etwa 5-7 Minuten lang kneten, bis er elastisch wird. Geben Sie den Teig zurück in die Schüssel, decken Sie ihn mit einem feuchten Tuch ab und lassen Sie ihn etwa 30 Minuten ruhen.

c) In der Zwischenzeit die Füllung vorbereiten. Das Olivenöl in einer Pfanne bei mittlerer Hitze erhitzen. Die gehackte Zwiebel dazugeben und anbraten, bis sie glasig wird.

d) Den gehackten Spinat hinzufügen und kochen, bis er zusammenfällt. Vom Herd nehmen und abkühlen lassen. Nach dem Abkühlen den zerbröckelten Feta-Käse untermischen.

e) Mit Salz und Pfeffer abschmecken.

f) Den ruhenden Teig in kleinere Portionen aufteilen. Nehmen Sie jeweils eine Portion und rollen Sie sie zu einer dünnen, runden oder rechteckigen Form mit einer Dicke von etwa 1/8 Zoll aus.

g) Geben Sie einen Löffel der Füllung auf eine Hälfte des ausgerollten Teigs und lassen Sie an den Rändern einen kleinen Rand frei.

h) Falten Sie die andere Teighälfte über die Füllung und drücken Sie die Ränder fest an, um sie zu verschließen.

i) Erhitzen Sie eine große beschichtete Pfanne oder Grillplatte bei mittlerer Hitze. Legen Sie das gefüllte Gözleme auf die erhitzte Oberfläche und backen Sie es auf jeder Seite etwa 2–3 Minuten lang oder bis das Brot knusprig und goldbraun wird.

j) Nehmen Sie das gekochte Gözleme aus der Pfanne und schneiden Sie es in kleinere Stücke oder servieren Sie es im Ganzen. Den Vorgang mit den restlichen Teigportionen und der Füllung wiederholen.

21.Poğaça

ZUTATEN:
FÜR DEN TEIG:
- 3 Tassen Allzweckmehl
- 1 Esslöffel Instanthefe
- 1 Esslöffel Zucker
- 1 Teelöffel Salz
- ½ Tasse warme Milch
- ¼ Tasse warmes Wasser
- ¼ Tasse Pflanzenöl
- 1 Ei, leicht geschlagen

FÜR DIE FÜLLUNG:
- 1 Tasse Feta-Käse, zerbröselt (oder ein anderer Käse Ihrer Wahl)
- ¼ Tasse gehackte frische Petersilie
- Optional: gewürfelte Oliven, geschnittene Frühlingszwiebeln

FÜR DEN BElag:
- 1 Ei, leicht geschlagen (zum Waschen der Eier)
- Sesamsamen oder Schwarzkümmelsamen (optional)

ANWEISUNGEN:
a) In einer großen Rührschüssel Mehl, Instanthefe, Zucker und Salz vermischen. Gut vermischen, um die trockenen Zutaten gleichmäßig zu verteilen.

b) Mischen Sie in einer separaten Schüssel warme Milch, warmes Wasser, Pflanzenöl und geschlagenes Ei.

c) Die feuchten Zutaten zu den trockenen Zutaten geben und verrühren, bis ein grober Teig entsteht.

d) Geben Sie den Teig auf eine saubere, bemehlte Oberfläche und kneten Sie ihn etwa 5–7 Minuten lang, bis der Teig glatt und elastisch ist.

e) Geben Sie den Teig zurück in die Rührschüssel, decken Sie ihn mit einem feuchten Tuch ab und lassen Sie ihn an einem warmen Ort etwa 1 Stunde lang gehen, bis er sein Volumen verdoppelt hat.

f) Heizen Sie Ihren Backofen auf 375 °F (190 °C) vor. Ein Backblech mit Backpapier auslegen.

g) Sobald der Teig aufgegangen ist, schlagen Sie ihn fest, um eventuelle Luftblasen zu entfernen. Teilen Sie den Teig in gleich große Portionen auf, abhängig von der Größe der Poğaça, die Sie zubereiten möchten.

h) Nehmen Sie eine Portion Teig und drücken Sie ihn mit den Händen flach. Geben Sie einen Löffel der Füllung in die Mitte des ausgebreiteten Teigs.

i) Falten Sie den Teig über die Füllung und drücken Sie die Ränder zusammen, um ihn zu verschließen. Sie können die Poğaça in verschiedene Formen wie Dreiecke, Quadrate oder Rollen formen.

j) Legen Sie die geformte Poğaça auf das vorbereitete Backblech. Wiederholen Sie den Vorgang mit den restlichen Teigportionen und lassen Sie zwischen den einzelnen Teigstücken etwas Platz.

k) Bestreichen Sie die Oberseite der Poğaça mit dem geschlagenen Ei und streuen Sie nach Belieben Sesam- oder Schwarzkümmelsamen darüber.

l) Backen Sie die Poğaça im vorgeheizten Ofen etwa 20–25 Minuten lang oder bis sie oben goldbraun werden.

m) Nach dem Backen die Poğaça aus dem Ofen nehmen und vor dem Servieren etwas abkühlen lassen.

22. Dakos

ZUTATEN:
- 4 große Gerstenzwiebacke (oder durch getrocknetes Vollkornbrot ersetzen)
- 4 reife Tomaten
- 200g Feta-Käse
- 1 kleine rote Zwiebel, in dünne Scheiben geschnitten
- 1 kleine Gurke, gewürfelt
- Kalamata-Oliven (optional)
- Natives Olivenöl extra
- Getrockneter Oregano
- Salz und Pfeffer nach Geschmack

ANWEISUNGEN:
a)   Beginnen Sie damit, den Gerstenzwieback einige Sekunden lang in einer Schüssel mit Wasser einzuweichen, bis er leicht weich wird. Lassen Sie überschüssiges Wasser abtropfen und stellen Sie sie beiseite.
b)   Die Tomaten in kleine Stücke schneiden. Wenn Sie weniger Flüssigkeit bevorzugen, können Sie die Kerne entfernen.
c)   In einer separaten Schüssel den Feta-Käse zerbröseln.
d)   Nehmen Sie jeden weichen Zwieback und beträufeln Sie ihn mit einer großzügigen Menge nativem Olivenöl extra. Lassen Sie den Zwieback einige Minuten lang das Öl aufsaugen.
e)   Legen Sie den eingeweichten Zwieback auf einzelne Servierteller oder eine Platte. Die gewürfelten Tomaten auf jedem Zwieback anrichten.
f)   Streuen Sie den zerbröckelten Feta-Käse über die Tomaten. Die in dünne Scheiben geschnittene rote Zwiebel und die gewürfelte Gurke darüber geben.
g)   Nach Belieben mit Kalamata-Oliven garnieren und mit getrocknetem Oregano bestreuen. Mit Salz und Pfeffer abschmecken.
h)   Etwas mehr natives Olivenöl extra über die fertigen Dakos träufeln, um den Geschmack zu verstärken.
i)   Sofort servieren und als leichte Mahlzeit oder Vorspeise genießen.

23.Eliopsomo

ZUTATEN:
- 2 Tassen Allzweckmehl
- 1 Teelöffel Backpulver
- ½ Teelöffel Salz
- ½ Tasse griechischer Joghurt
- ¼ Tasse Olivenöl
- 2 Eier
- 1 Tasse entkernte und gehackte Kalamata-Oliven
- ½ Tasse zerbröckelter Feta-Käse
- 1 Esslöffel getrockneter Oregano
- ¼ Tasse gehackte frische Petersilie (optional)

ANWEISUNGEN:

a)   Heizen Sie Ihren Backofen auf 350 °F (175 °C) vor. Eine Kastenform einfetten und bemehlen.

b)   In einer großen Rührschüssel Allzweckmehl, Backpulver und Salz vermischen. Gut mischen.

c)   In einer separaten Schüssel griechischen Joghurt, Olivenöl und Eier verrühren, bis alles gut vermischt ist.

d)   Gießen Sie die feuchten Zutaten zu den trockenen Zutaten und rühren Sie, bis alles gut vermischt ist. Achten Sie darauf, nicht zu viel zu mischen.

e)   Gehackte Oliven, zerbröselten Feta-Käse, getrockneten Oregano und gehackte frische Petersilie (falls verwendet) unterheben. Mischen, bis es gleichmäßig im Teig verteilt ist.

f)   Geben Sie den Teig in die gefettete und bemehlte Kastenform und verteilen Sie ihn gleichmäßig.

g)   Im vorgeheizten Ofen etwa 40–45 Minuten backen, oder bis ein in die Mitte gesteckter Zahnstocher sauber herauskommt.

h)   Nach dem Backen das Brot aus dem Ofen nehmen und einige Minuten in der Pfanne abkühlen lassen. Übertragen Sie es dann auf einen Rost, um es vollständig abzukühlen.

i)   Schneiden Sie das griechische Olivenbrot in Scheiben und servieren Sie es als köstliche Vorspeise oder Beilage zu Ihrer Mahlzeit. Es schmeckt pur oder in Kombination mit einem griechischen Salat großartig.

PIZZA UND PIZZETTEN

24.Thunfischpizza mit Caponata und Prosciutto

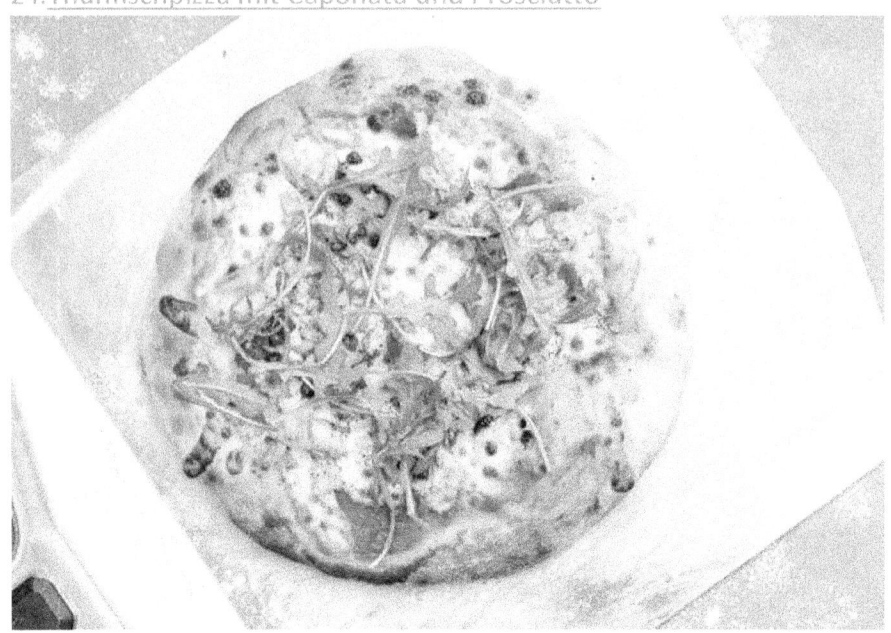

ZUTATEN:
- 1 12-Zoll-italienische Brotschale für Pizza
- 1 Teelöffel Olivenöl
- 1 Dose (7 ½ Unzen) Caponata
- 1 Dose (6 Unzen) weißer Thunfisch; abgetropft und in Stücke geschnitten
- 8 Scheiben (1 Unze) Prosciutto
- 2 Pflaumentomaten; ¼, bis zu 3, in Scheiben geschnitten
- 1 Tasse zerbröselter Feta-Käse
- 1 Tasse geriebener Mozzarella-Käse
- Zerkleinerter roter Pfeffer

ANWEISUNGEN:
a) Legen Sie die Brotschale auf ein mit Folie ausgelegtes Backblech. Bis zum Rand mit Öl bestreichen.
b) Verteilen Sie die Caponata bis auf 2,5 cm an den Rand.
c) Mit Thunfisch, Prosciutto, Tomaten, Feta und Mozzarella belegen.
d) Im Ofen bei 200 °C 10 bis 12 Minuten backen oder bis der Käse geschmolzen und die Pizza durchgeheizt ist.
e) Vor dem Schneiden 1 Minute abkühlen lassen.
f) Nach Belieben mit zerstoßenem rotem Pfeffer servieren.

25. Feigen-, Zwiebel- und Microgreen-Pizzettes

ZUTATEN:
FLATBROT-TEIG
- 300 g Selbstaufgehendes Mehl Etwas mehr zum Bestäuben
- 2 Prisen Salz
- 300 g Kokosjoghurt
- 1 Teelöffel Backpulver
- 3 Esslöffel Olivenöl

KARAMELLISIERTE ZWIEBELN
- 600 g rote Zwiebeln in Scheiben geschnitten
- 1 Esslöffel Olivenöl
- ¼ Teelöffel Salz
- 1 Esslöffel Balsamico-Essig
- 2 Teelöffel Ahornsirup

Toppings
- 150 g Kirschtomaten halbiert
- 8 Feigen in Scheiben geschnitten
- 100 g Feta-Käse
- 150 g Würzige Mischung aus Microgreens

ANWEISUNGEN:
KARAMELLISIERTE ZWIEBELN

a) Das Öl in einer Pfanne erhitzen und die Zwiebeln 15 Minuten anbraten.
b) Mit Salz.
c) Essig und Ahornsirup hinzufügen; weitere 5 Minuten kochen lassen.

FLATBROT-TEIG

d) Den Backofen auf 180 °C vorheizen
e) Alle trockenen Teigzutaten in einer Schüssel vermischen und dann den Joghurt unterrühren.
f) Eine Oberfläche mit Mehl bestäuben und dann 8 Minuten lang vorsichtig kneten.
g) Den Teig 10 Minuten ruhen lassen.
h) Teilen Sie den Teig in 8 Kugeln und rollen Sie dann ein Stück Teig zu einem Kreis aus.
i) Erhitzen Sie 1 Teelöffel Olivenöl, legen Sie den ausgerollten Teig in die Pfanne und braten Sie ihn auf jeder Seite 2 Minuten lang.

Toppings

j) Karamellisierte Zwiebeln auf die Fladenbrote geben und gut verstreichen.

k) Belegen Sie sie mit 50 g milchfreien Feta-Streuseln, Kirschtomatenhälften und Feigenscheiben und backen Sie sie dann 7 Minuten lang im vorgeheizten Ofen.

l) Nehmen Sie das Gericht aus dem Ofen, belegen Sie es mit einem Bündel gemischter Microgreens, zerbröseln Sie den restlichen Feta-Käse und würzen Sie es mit reichlich frisch gemahlenem Pfeffer.

m) Genießen!

26. Mit Zitrone geröstete Brokkoli-Vollkornpizza

ZUTATEN:
- ½ Pfund Vollkornpizzateig
- 8 Unzen frischer Mozzarella
- 2 Tassen grob gehackte Brokkoliröschen
- ¼ Tasse zerbröckelter Feta-Käse
- Basilikumpesto (¼ Tasse)
- ¼ Tasse gehackte sonnengetrocknete Tomaten
- ¼ Tasse gehackte Kalamata-Oliven
- ½ Zitronenschale
- 1 Teelöffel zerstoßene rote Paprikaflocken
- ½ Zitrone, in dünne Scheiben geschnitten
- ½ Tasse würzige Senf-Microgreens

ANWEISUNGEN:
a) Heizen Sie den Ofen auf 425 °F vor.
b) Den Teig auf einem leicht bemehlten Brett ausrollen, bis er sehr dünn ist. Den Teig auf ein mit Backpapier ausgelegtes Backblech legen.
c) Den Teig mit Pesto bestreichen.
d) In einer großen Rührschüssel sonnengetrocknete Tomaten, Oliven, Zitronenschale, zerstoßene rote Paprikaflocken und Mozzarella vermischen.
e) Den Brokkoli mit 1 Esslöffel sonnengetrocknetem Tomatenöl vermengen.
f) Den Brokkoli zusammen mit 3-4 Zitronenspalten darauf legen.
g) Den Feta-Käse gleichmäßig darüber verteilen.
h) 10–15 Minuten backen, oder bis der Käse geschmolzen und die Kruste knusprig ist.
i) Nehmen Sie die Pizza aus dem Ofen und geben Sie Microgreens darauf.

27. Mediterrane Pizzette

ZUTATEN:
PIZZETTETEIG:
- 2 Tassen Allzweckmehl
- 1 Teelöffel Instanthefe
- 1 Teelöffel Salz
- 1 Esslöffel Olivenöl
- 3/4 Tasse warmes Wasser

BELAGS:
- Tomatensauce
- Feta-Käse, zerbröselt
- Kalamata-Oliven, entkernt und halbiert
- Kirschtomaten, halbiert
- Rote Zwiebel, in dünne Scheiben geschnitten
- Frische Basilikumblätter, zerrissen

ANWEISUNGEN:
PIZZETTETEIG:

a) In einer Rührschüssel Allzweckmehl, Instanthefe und Salz vermischen.
b) Olivenöl und warmes Wasser zu den trockenen Zutaten geben und verrühren, bis ein Teig entsteht.
c) Den Teig auf eine bemehlte Arbeitsfläche geben und etwa 5 Minuten lang kneten, bis er glatt und elastisch ist.
d) Geben Sie den Teig zurück in die Schüssel, decken Sie ihn mit einem sauberen Küchentuch ab und lassen Sie ihn 1–2 Stunden gehen, bis sich sein Volumen verdoppelt hat.

Zusammenbau der Pizza:

e) Heizen Sie Ihren Backofen auf 475 °F (245 °C) vor.
f) Teilen Sie den Teig in kleine Portionen und rollen Sie diese jeweils zu einer dünnen, runden Form aus.
g) Die ausgerollten Teigscheiben auf ein Backblech oder einen Pizzastein legen.
h) Jede Pizzette mit Tomatensoße bestreichen.
i) Streuen Sie zerbröckelten Feta-Käse über die Sauce.
j) Kalamata-Oliven, Kirschtomaten und rote Zwiebeln darüber geben.
k) Im vorgeheizten Ofen etwa 8–10 Minuten backen, bis die Kruste goldbraun ist und der Käse Blasen bildet.
l) Aus dem Ofen nehmen, mit zerzupften frischen Basilikumblättern bestreuen und servieren.

28. Griechische Pizza

ZUTATEN:
PIZZATEIG:
- 2 1/2 Tassen Allzweckmehl
- 2 1/4 Teelöffel Instanthefe
- 1 Teelöffel Salz
- 1 Esslöffel Olivenöl
- 1 Tasse warmes Wasser

BELAGS:
- Tomatensauce
- Feta-Käse, zerbröselt
- Gegrillte Hähnchenbrust, in Scheiben geschnitten
- Rote Zwiebel, in dünne Scheiben geschnitten
- Kalamata-Oliven, entkernt und halbiert
- Frische Spinatblätter
- Getrockneter Oregano

ANWEISUNGEN:
PIZZATEIG:
a) In einer Rührschüssel Allzweckmehl, Instanthefe und Salz vermischen.
b) Olivenöl und warmes Wasser zu den trockenen Zutaten geben und verrühren, bis ein Teig entsteht.
c) Den Teig auf eine bemehlte Arbeitsfläche geben und etwa 5 Minuten lang kneten, bis er glatt und elastisch ist.
d) Geben Sie den Teig zurück in die Schüssel, decken Sie ihn mit einem sauberen Küchentuch ab und lassen Sie ihn 1–2 Stunden gehen, bis sich sein Volumen verdoppelt hat.

PIZZA-ZUSAMMENBAU:
e) Heizen Sie Ihren Backofen auf 475 °F (245 °C) vor.
f) Den Pizzateig auf einer bemehlten Fläche ausrollen und auf ein Backblech oder einen Pizzastein legen.
g) Tomatensauce gleichmäßig auf dem Teig verteilen.
h) Streuen Sie zerbröckelten Feta-Käse über die Sauce.
i) Die in Scheiben geschnittene gegrillte Hähnchenbrust, rote Zwiebeln, Kalamata-Oliven und frische Spinatblätter darauf anrichten.
j) Mit getrocknetem Oregano bestreuen.
k) Im vorgeheizten Ofen etwa 12–15 Minuten backen, bis die Kruste goldbraun ist und der Käse Blasen bildet und leicht gebräunt ist.
l) In Scheiben schneiden und servieren.

29.Spinat-Feta-Pizzette

ZUTATEN:
PIZZETTETEIG:
- 2 Tassen Allzweckmehl
- 1 Teelöffel Instanthefe
- 1 Teelöffel Salz
- 1 Esslöffel Olivenöl
- 3/4 Tasse warmes Wasser

BELAGS:
- Mit Knoblauch angereichertes Olivenöl
- Feta-Käse, zerbröselt
- Mozzarella-Käse, gerieben
- Frische Spinatblätter
- Kirschtomaten, halbiert
- Getrocknete rote Chiliflocken (optional)

ANWEISUNGEN:
PIZZETTETEIG:
a) In einer Rührschüssel Allzweckmehl, Instanthefe und Salz vermischen.
b) Olivenöl und warmes Wasser zu den trockenen Zutaten geben und verrühren, bis ein Teig entsteht.
c) Den Teig auf eine bemehlte Arbeitsfläche geben und etwa 5 Minuten lang kneten, bis er glatt und elastisch ist.
d) Geben Sie den Teig zurück in die Schüssel, decken Sie ihn mit einem sauberen Küchentuch ab und lassen Sie ihn 1–2 Stunden gehen, bis sich sein Volumen verdoppelt hat.

PIZZETTE-MONTAGE:
e) Heizen Sie Ihren Backofen auf 475 °F (245 °C) vor.
f) Teilen Sie den Teig in kleine Portionen und rollen Sie diese jeweils zu einer dünnen, runden Form aus.
g) Die ausgerollten Teigscheiben auf ein Backblech oder einen Pizzastein legen.
h) Mit Knoblauch angereichertes Olivenöl über den Teig streichen.
i) Streuen Sie zerbröckelten Feta-Käse und geriebenen Mozzarella-Käse gleichmäßig über den Teig.
j) Frische Spinatblätter und Kirschtomatenhälften darauf verteilen.
k) Wenn Sie möchten, können Sie für eine würzige Note einige getrocknete rote Chiliflocken darüber streuen.
l) Im vorgeheizten Backofen etwa 8–10 Minuten backen, bis die Kruste goldbraun ist und der Käse geschmolzen und leicht gebräunt ist.
m) Aus dem Ofen nehmen, in Scheiben schneiden und servieren.

30.Geröstete Gemüse- und Feta-Pizza

ZUTATEN:
PIZZATEIG:
- 2 1/2 Tassen Allzweckmehl
- 2 1/4 Teelöffel Instanthefe
- 1 Teelöffel Salz
- 1 Esslöffel Olivenöl
- 1 Tasse warmes Wasser

BELAGS:
- Tomatensauce
- Feta-Käse, zerbröselt
- Zucchini, in dünne Scheiben geschnitten
- Gelber Kürbis, in dünne Scheiben geschnitten
- Rote Zwiebel, in dünne Scheiben geschnitten
- Rote Paprika, in dünne Scheiben geschnitten
- Frische Rosmarinblätter
- Olivenöl
- Salz und Pfeffer nach Geschmack

ANWEISUNGEN:
PIZZATEIG:
a) In einer Rührschüssel Allzweckmehl, Instanthefe und Salz vermischen.
b) Olivenöl und warmes Wasser zu den trockenen Zutaten geben und verrühren, bis ein Teig entsteht.
c) Den Teig auf eine bemehlte Arbeitsfläche geben und etwa 5 Minuten lang kneten, bis er glatt und elastisch ist.
d) Geben Sie den Teig zurück in die Schüssel, decken Sie ihn mit einem sauberen Küchentuch ab und lassen Sie ihn 1–2 Stunden gehen, bis sich sein Volumen verdoppelt hat.

PIZZA-ZUSAMMENBAU:
e) Heizen Sie Ihren Backofen auf 475 °F (245 °C) vor.
f) Den Pizzateig auf einer bemehlten Fläche ausrollen und auf ein Backblech oder einen Pizzastein legen.
g) Tomatensauce gleichmäßig auf dem Teig verteilen.
h) Streuen Sie zerbröckelten Feta-Käse über die Sauce.
i) Die Zucchinischeiben, den gelben Kürbis, die rote Zwiebel und die rote Paprika darauf anrichten.
j) Mit frischen Rosmarinblättern bestreuen und etwas Olivenöl darüberträufeln.
k) Mit Salz und Pfeffer abschmecken.
l) Im vorgeheizten Backofen etwa 12–15 Minuten backen, bis die Kruste goldbraun und das Gemüse zart ist.
m) In Scheiben schneiden und servieren.

SNACKS UND VORSPEISEN

31. Spargel- und Feta-Canapés

ZUTATEN:
- 20 Scheiben dünnes Weißbrot
- 4 Unzen Blauschimmelkäse
- 8 Unzen Frischkäse
- 1 Ei
- 20 Spears abgetropfter Spargel aus der Dose
- ½ Tasse geschmolzene Butter

ANWEISUNGEN:

a) Die Kruste vom Brot abschneiden und mit einem Nudelholz flach drücken.
b) Käse und Eier zu einer verarbeitbaren Konsistenz vermischen und gleichmäßig auf jeder Brotscheibe verteilen.
c) Auf jede Scheibe eine Spargelstange legen und aufrollen.
d) In geschmolzene Butter eintauchen, um es gründlich zu bestreichen.
e) Auf ein Backblech legen und einfrieren.
f) Wenn es fest gefroren ist, in mundgerechte Stücke schneiden.
g) Auf ein Backblech legen und 20 Minuten bei 200 °C backen.

32.Oliven- und Feta-Bällchen

ZUTATEN:
- 2 Unzen (¼ Tasse) Frischkäse
- ¼ Tasse (2 Unzen) Feta-Käse
- 12 große Kalamata-Oliven, entkernt
- ⅛ Teelöffel fein gehackter frischer Thymian
- ⅛ Teelöffel frische Zitronenschale

ANWEISUNGEN:
a) In einer kleinen Küchenmaschine alle Zutaten etwa 30 Sekunden lang verarbeiten, bis ein grober Teig entsteht.
b) Die Mischung auskratzen und in eine kleine Schüssel geben, dann 2 Stunden im Kühlschrank lagern.
c) Mit Hilfe eines Löffels 6 Kugeln formen.
d) Sofort servieren oder bis zu 3 Tage im Kühlschrank lagern.

33. Spinat- und Feta-Windräder

ZUTATEN:
- 2 Tassen Bisquick-Mischung
- ⅔ Tasse Milch
- 1 Tasse gehackter Spinat
- ½ Tasse zerbröckelter Feta-Käse
- ¼ Tasse geriebener Parmesankäse
- ¼ Tasse gewürfelte Zwiebeln
- 1 Knoblauchzehe, gehackt
- Salz und Pfeffer nach Geschmack

ANWEISUNGEN:

a) Heizen Sie den Ofen auf 220 °C (425 °F) vor und legen Sie ein Backblech mit Backpapier aus.

b) In einer Rührschüssel die Bisquick-Mischung und die Milch zu einem Windradteig vermischen.

c) Den Teig auf einer bemehlten Fläche rechteckig ausrollen.

d) In einer separaten Schüssel gehackten Spinat, zerbröckelten Feta-Käse, geriebenen Parmesan, gewürfelte Zwiebeln, gehackten Knoblauch, Salz und Pfeffer vermischen.

e) Die Spinat-Feta-Mischung gleichmäßig auf dem ausgerollten Teig verteilen.

f) Den Teig von einer Seite her fest aufrollen, so dass eine Klotzform entsteht.

g) Schneiden Sie den Stamm in 1 Zoll dicke Windräder.

h) Legen Sie die Windräder auf das vorbereitete Backblech.

i) 10-12 Minuten backen oder bis die Windräder goldbraun sind.

j) Servieren Sie Spinat und Feta-Windräder als aromatische Vorspeise.

34. Minze-Feta-Bruschetta

ZUTATEN:
- 1 Baguette, in Scheiben geschnitten
- ½ Tasse zerbröckelter Feta-Käse
- ¼ Tasse gehackte frische Minzblätter
- 1 Esslöffel Olivenöl
- 1 Knoblauchzehe, halbiert
- Salz und Pfeffer nach Geschmack

ANWEISUNGEN:
a) Heizen Sie den Ofen auf 375 °F vor.
b) Die Baguettescheiben mit Olivenöl bestreichen und mit Salz und Pfeffer würzen.
c) Die Baguettescheiben im Ofen ca. 10–12 Minuten rösten, bis sie leicht goldbraun sind.
d) Reiben Sie die Knoblauchzehenhälften über die gerösteten Baguettescheiben.
e) Die Baguettescheiben mit zerbröckeltem Feta-Käse und gehackten Minzblättern belegen.
f) Servieren Sie die Bruschetta warm oder bei Zimmertemperatur.
g) Genießen!

35. Mit Minze und Feta gefüllte Paprika

ZUTATEN:
- 4 große Paprika
- 8 Unzen zerbröckelter Feta-Käse
- ¼ Tasse gehackte frische Minzblätter
- 2 Esslöffel Olivenöl
- 1 Knoblauchzehe, gehackt
- Salz und Pfeffer nach Geschmack

ANWEISUNGEN:
a) Heizen Sie den Ofen auf 375 °F vor.
b) Schneiden Sie die Oberseite der Paprika ab und entfernen Sie die Kerne und Membranen.
c) In einer Schüssel den zerbröckelten Feta-Käse, gehackte Minzblätter, Olivenöl, Knoblauch, Salz und Pfeffer gut vermischen.
d) Füllen Sie jede Paprika mit der Feta-Käse-Mischung.
e) Die gefüllten Paprikaschoten in eine Auflaufform geben.
f) 30–35 Minuten backen oder bis die Paprika weich und die Füllung goldbraun sind.
g) Die gefüllten Paprika warm servieren.

36. Dip aus sonnengetrockneten Tomaten und Feta-Käse

ZUTATEN:
- 1 Tasse sonnengetrocknete Tomaten (nicht in Öl eingelegt)
- 8 Unzen Frischkäse, weich
- 4 Unzen zerbröckelter Feta-Käse
- ¼ Tasse Sauerrahm
- ¼ Tasse Mayonnaise
- ¼ Tasse gehackte frische Petersilie
- 2 Knoblauchzehen, gehackt
- ¼ Teelöffel Salz
- ¼ Teelöffel schwarzer Pfeffer

ANWEISUNGEN:
a)   Legen Sie die sonnengetrockneten Tomaten in eine Schüssel mit heißem Wasser und lassen Sie sie etwa 10 Minuten einweichen, bis sie weich werden. Das Wasser abgießen und die Tomaten in kleine Stücke schneiden.
b)   In einer mittelgroßen Schüssel Frischkäse, Feta-Käse, Sauerrahm, Mayonnaise, Petersilie, Knoblauch, Salz und schwarzen Pfeffer vermischen. Mischen, bis alles gut vermischt ist.
c)   Die gehackten sonnengetrockneten Tomaten hinzufügen und gut vermischen.
d)   Decken Sie die Schüssel mit Plastikfolie ab und stellen Sie sie vor dem Servieren mindestens 1 Stunde lang in den Kühlschrank.
e)   Zum Servieren den Dip noch einmal umrühren und in eine Servierschüssel geben.
f)   Mit Crackern, Pita-Chips oder geschnittenem Gemüse servieren.

37.Reis-, Auberginen- und Feta-Krapfen

ZUTATEN:
- ⅔ Tasse kochendes Wasser
- ⅓ Tasse Wildreismischung
- Große Prise Salz
- ¾ Tasse Olivenöl
- 1 Aubergine, in kleine Stücke geschnitten
- 1 Knoblauchzehe, zerdrückt
- ½ Tasse Naturjoghurt nach griechischer Art
- 2 ½ Esslöffel gehackter frischer Oregano
- 6 abgetropfte sonnengetrocknete Tomaten in Öl, gehackt
- 50g Feta, gewürfelt
- ⅔ Tasse Mehl
- 3 Eier, leicht verquirlt
- Salz und gemahlener schwarzer Pfeffer

ANWEISUNGEN:

a) Wasser, Reis und Salz in einen kleinen Topf geben und bei mittlerer Hitze zum Kochen bringen. Hitze auf mittlere bis niedrige Stufe reduzieren, mit einem dicht schließenden Deckel abdecken und 15 Minuten kochen lassen. Den gekochten Reis in eine mittelgroße Schüssel geben.

b) In der Zwischenzeit 60 ml (¼ Tasse) Öl in einer großen Bratpfanne bei mittlerer Hitze erhitzen. Fügen Sie die Aubergine hinzu und kochen Sie sie ohne Deckel unter häufigem Rühren 20 Minuten lang oder bis sie weich ist. Den Knoblauch hinzufügen und unter Rühren 1 Minute kochen lassen. Vom Herd nehmen und 5 Minuten ruhen lassen, um etwas abzukühlen. Geben Sie die Auberginenmischung in die Schüssel einer Küchenmaschine und verarbeiten Sie sie zu einem groben Püree.

c) Den Joghurt und 2 Teelöffel Oregano in einer kleinen Schüssel vermischen. Abdecken und beiseite stellen.

d) Trennen Sie die Reiskörner mit einer Gabel. Die Auberginenmischung, den restlichen Oregano, die sonnengetrockneten Tomaten, den Feta, das Mehl, die Eier, Salz und Pfeffer zum Reis geben und vorsichtig unterheben, bis alles gut vermischt ist.

e) 2 Esslöffel des restlichen Öls in einer großen beschichteten Bratpfanne bei mittlerer bis hoher Hitze erhitzen. Geben Sie etwa fünf Esslöffel der Mischung einzeln in die Pfanne und drücken Sie sie mit der Rückseite des Löffels leicht flach. Auf jeder Seite 2 Minuten braten, bis sie goldbraun sind.

f) Auf einen großen Teller geben und zum Warmhalten locker mit Folie abdecken.

g) Den Vorgang portionsweise mit der restlichen Öl-Reis-Mischung wiederholen. Sofort mit dem Oregano-Joghurt servieren.

38.Griechische Hühnchen-Nachos

ZUTATEN:
- 2 Tassen gekochtes, zerkleinertes Hähnchen
- 1 Tüte Pita-Chips
- 1 Tasse zerbröckelter Feta-Käse
- ½ Tasse gewürfelte Gurke
- ¼ Tasse gewürfelte rote Zwiebel
- ¼ Tasse gehackte Kalamata-Oliven
- ¼ Tasse gehackte frische Petersilie
- ¼ Tasse Tzatziki-Sauce zum Servieren

ANWEISUNGEN:
a) Ofen auf 375°F vorheizen.
b) Verteilen Sie die Pita-Chips in einer Schicht auf einem Backblech.
c) Streuen Sie den zerbröckelten Feta-Käse über die Chips und geben Sie dann das gekochte Hähnchenschnitzel darauf.
d) 10–15 Minuten backen oder bis der Käse geschmolzen ist und Blasen bildet.
e) Mit Gurkenwürfeln, gewürfelten roten Zwiebeln, gehackten Kalamata-Oliven und gehackter frischer Petersilie belegen.
f) Mit Tzatziki-Sauce als Beilage servieren.

39.Drachenfrucht-Bruschetta

ZUTATEN:
- 1 Drachenfrucht
- ½ Tasse gewürfelte Tomate
- ¼ Tasse gehacktes Basilikum
- ¼ Tasse zerbröckelter Feta-Käse
- 2 Esslöffel Balsamico-Glasur
- Baguettescheiben geröstet

ANWEISUNGEN:

a) Die Drachenfrucht halbieren und das Fruchtfleisch herauslöffeln.

b) In einer mittelgroßen Schüssel Drachenfrucht, Tomate, Basilikum und Feta-Käse vermischen.

c) Gut vermischen und die Bruschetta mindestens 10 Minuten ruhen lassen, damit sich die Aromen vermischen.

d) Jede Baguettescheibe mit der Drachenfrucht-Bruschetta belegen und mit Balsamico-Glasur beträufeln.

e) Sofort servieren.

40. Bruschetta aus einer Olive

ZUTATEN:
- 4 Scheiben Pain au Levain, in 4 bis 6 Stücke pro Scheibe geschnitten
- 2 Knoblauchzehen
- Etwa 1 Esslöffel natives Olivenöl extra
- 4 Unzen Feta-Käse, in Scheiben geschnitten
- Abgeriebene Schale von 1 Zitrone
- 4 Unzen Jack, Fontina oder milder Asiago, in dünne Scheiben geschnitten
- Ungefähr 3 Unzen junger Rucola

ANWEISUNGEN:

a) Heizen Sie den Grill vor.

b) Toasten Sie das Brot leicht unter dem Grill. Vom Herd nehmen und beide Seiten mit Knoblauch einreiben.

c) Den mit Knoblauch eingeriebenen Toast auf ein Backblech legen und ganz leicht mit etwas Olivenöl beträufeln, dann den Feta-Käse darüber schichten, mit der Zitronenschale bestreuen, mit dem Jack-Käse belegen und zum Schluss mit Olivenöl beträufeln.

d) Grillen, bis der Käse schmilzt und leicht Blasen bildet.

e) Sofort servieren, jedes kleine gegrillte Käsesandwich mit einer kleinen Handvoll Rucolablättern garnieren.

41.Spinat-Feta-Wonton-Quiches

ZUTATEN:
- 12 Wan-Tan-Wrapper
- 4 Eier
- 1/2 Tasse Milch
- 1/2 Tasse zerbröselter Feta-Käse
- 1 Tasse frische Spinatblätter, gehackt
- Salz und Pfeffer nach Geschmack

ANWEISUNGEN:
a) Ofen auf 375°F vorheizen.
b) Sprühen Sie eine Muffinform mit Antihaft-Kochspray ein.
c) Drücken Sie eine Wan-Tan-Hülle in jede Muffinform.
d) In einer Schüssel Eier und Milch verquirlen.
e) Den zerbröselten Feta-Käse und die gehackten Spinatblätter unterrühren.
f) Mit Salz und Pfeffer würzen.
g) Gießen Sie die Eimischung in die Wan-Tan-Becher.
h) 15–20 Minuten backen, bis die Quiches fest und oben goldbraun sind.
i) Heiß oder bei Zimmertemperatur servieren.

42.Geröstete Rote Bete mit Feta und Dukkah

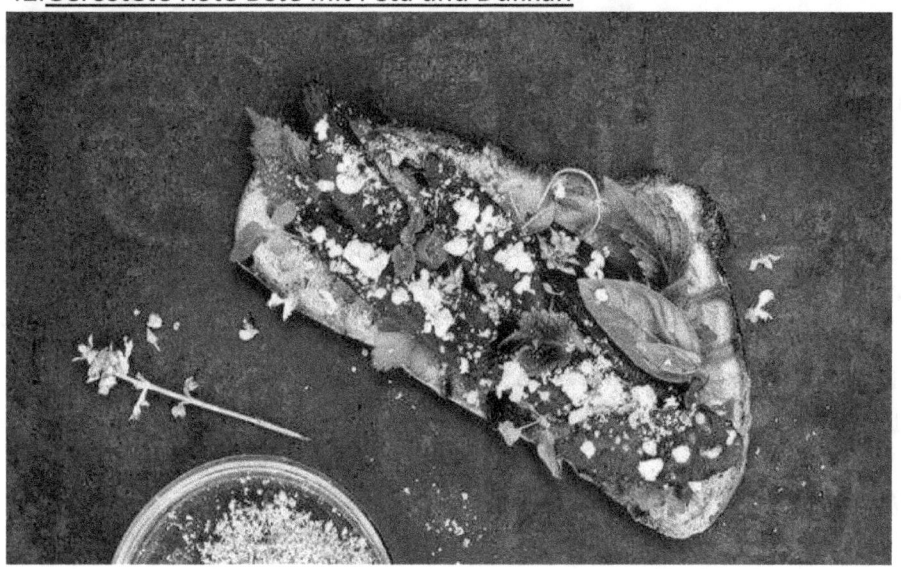

ZUTATEN:
- 6 kleine Rote Bete
- 6 Scheiben Sauerteigbrot
- ungesalzene Butter
- 2 Unzen. Feta, vorzugsweise aus Ziegenmilch
- 6 Teelöffel Dukkah
- frische gemischte Kräuter, z. B. Oregano, Petersilie, Shiso und Basilikum
- Meersalzflocken

ANWEISUNGEN:

a) Nehmen Sie die Rote Bete auf und legen Sie sie auf die holzkohlefreie Seite des Grills.

b) Schließen Sie den Deckel und rösten Sie es 1 Stunde lang bei indirekter Hitze, bis die Rüben bei leichtem Druck weich sind.

c) Rote Bete schälen.

d) Die Brotstücke mit Butter bestreichen, dann ohne Butter schnell auf einer Seite grillen, dann umdrehen und erhitzen, bis klare Grillstreifen entstehen.

e) Die Rüben in Scheiben schneiden und mit Feta-Streuseln belegen. Für 2 Minuten auf den Grill legen, damit der Käse schmilzt.

f) Auf jede Toastscheibe ein paar Scheiben Rote Bete mit Feta legen, mit Dukkah, Kräutern und Meersalzflocken belegen und servieren.

Wraps und Sandwiches

43. Pita, Pesto und Parmesan

ZUTATEN:
- 1 (6 Unzen) Dose Pesto aus sonnengetrockneten Tomaten
- 3 Esslöffel Olivenöl
- 6 (6 Zoll) Vollkorn-Fladenbrote
- gemahlener schwarzer Pfeffer nach Geschmack
- 2 Roma-Tomaten (Pflaumentomaten), gehackt
- 1 Bund Spinat, abgespült und gehackt
- 4 frische Champignons, in Scheiben geschnitten
- ½ Tasse zerbröckelter Feta-Käse
- 2 Esslöffel geriebener Parmesankäse

ANWEISUNGEN:

a) Stellen Sie Ihren Ofen auf 350 Grad ein, bevor Sie etwas anderes tun.

b) Jedes Stück Pita mit etwas Pesto bestreichen und dann mit Paprika, Tomaten, Olivenöl, Spinat, Parmesan, Pilzen und Feta belegen.

c) Backen Sie das Brot 15 Minuten lang im Ofen und schneiden Sie es dann vor dem Servieren in Dreiecke.

d) Genießen.

44. Wrap aus sonnengetrockneten Tomaten und Feta

ZUTATEN:
- 1 Tortilla-Wrap
- 2 EL zerbröselter Feta-Käse
- 2 EL gehackte sonnengetrocknete Tomaten
- ¼ Tasse gehackter Salat
- Salz und Pfeffer nach Geschmack

ANWEISUNGEN:
a) Den Tortilla-Wrap mit zerkrümeltem Feta-Käse bestreichen.
b) Geben Sie sonnengetrocknete Tomaten und gehackten Salat darüber.
c) Mit Salz und Pfeffer würzen.
d) Fest aufrollen und halbieren.

45. Griechische Truthahn Burger

ZUTATEN:
- 1 Pfund gemahlener Truthahn
- 1/2 Tasse Feta-Käse, zerbröselt
- 1/4 Tasse frische Petersilie, gehackt
- 2 Knoblauchzehen, gehackt
- 1 Teelöffel getrockneter Oregano
- 1/2 Teelöffel Salz
- 1/4 Teelöffel schwarzer Pfeffer
- Hamburgerbrötchen
- Belag nach Wahl (Salat, Tomate, rote Zwiebel usw.)

ANWEISUNGEN:

a) In einer Rührschüssel Putenhackfleisch, Feta-Käse, Petersilie, Knoblauch, Oregano, Salz und schwarzen Pfeffer vermischen. Gut mischen.

b) Teilen Sie die Mischung in vier gleiche Portionen und formen Sie daraus Burger-Patties.

c) Heizen Sie einen Grill oder eine Bratpfanne bei mittlerer Hitze vor und braten Sie die Pastetchen etwa 5–6 Minuten pro Seite oder bis sie gar sind.

d) Nach Belieben die Hamburgerbrötchen toasten.

e) Stellen Sie die Burger zusammen, indem Sie die fertigen Patties auf die Brötchen legen und Ihre Lieblingsbeläge hinzufügen.

f) Servieren Sie die griechischen Truthahnburger.

46. Mediterraner Gemüse-Wrap

ZUTATEN:
- Tortilla-Wraps
- 1/2 Tasse Feta-Käse, zerbröselt
- 1/2 Tasse geröstete rote Paprika, in Scheiben geschnitten
- 1/4 Tasse geschnittene Kalamata-Oliven
- 1/4 Tasse gewürfelte Gurke
- 1/4 Tasse gewürfelte Tomaten
- 2 Esslöffel gehacktes frisches Basilikum
- 2 Esslöffel griechisches Dressing

ANWEISUNGEN:
a) Legen Sie einen Tortilla-Wrap flach auf eine saubere Oberfläche.
b) Streuen Sie zerbröselten Feta-Käse gleichmäßig über den Wrap.
c) Geröstete rote Paprika, Kalamata-Oliven, Gurkenwürfel, Tomatenwürfel und gehacktes frisches Basilikum darüber schichten.
d) Griechisches Dressing über die Füllung träufeln.
e) Rollen Sie den Wrap fest auf und schneiden Sie ihn nach Bedarf in Portionen.
f) Servieren Sie den mediterranen Gemüsewrap.

47. Gegrilltes Hähnchen-Feta-Salat-Sandwich

ZUTATEN:
- 2 Tassen gekochte und zerkleinerte Hähnchenbrust
- 1/2 Tasse Feta-Käse, zerbröselt
- 1/4 Tasse griechischer Joghurt
- 1 Esslöffel Zitronensaft
- 2 Esslöffel gehackter frischer Dill
- Salz und Pfeffer nach Geschmack
- Geschnittenes Brot nach Wahl
- Salatblätter
- Gurken- und Tomatenscheiben (optional)

ANWEISUNGEN:
a) In einer Rührschüssel das zerkleinerte Hähnchen, den Feta-Käse, den griechischen Joghurt, den Zitronensaft, den gehackten Dill, Salz und Pfeffer vermischen. Gut mischen.
b) Die Hähnchen-Feta-Mischung auf den Brotscheiben verteilen.
c) Nach Belieben mit Salatblättern, Gurkenscheiben und Tomaten belegen.
d) Verschließen Sie die Sandwiches mit weiteren Brotscheiben.
e) Die Sandwiches halbieren und servieren.

48. Mediterraner Portobello-Pilz-Burger

ZUTATEN:
- 4 große Portobello-Pilzkappen
- 1/4 Tasse Balsamico-Essig
- 2 Esslöffel Olivenöl
- 4 Unzen Feta-Käse, zerbröckelt
- 1/4 Tasse sonnengetrocknete Tomaten, gehackt
- 2 Tassen Babyspinatblätter
- Hamburgerbrötchen
- Belag nach Wahl (rote Zwiebelscheiben, Tomaten usw.)

ANWEISUNGEN:
a) In einer flachen Schüssel Balsamico-Essig und Olivenöl verrühren.
b) Legen Sie die Portobello-Pilzkappen in die Schüssel und lassen Sie sie 10 Minuten lang marinieren, dabei einmal wenden.
c) Heizen Sie einen Grill oder eine Bratpfanne bei mittlerer Hitze vor und kochen Sie die Pilze etwa 4–5 Minuten pro Seite oder bis sie weich sind.
d) Streuen Sie in der letzten Minute des Garvorgangs zerbröckelten Feta-Käse und gehackte sonnengetrocknete Tomaten auf jede Pilzkappe, damit sie leicht schmelzen.
e) Nach Belieben die Hamburgerbrötchen toasten.
f) Stellen Sie die Burger zusammen, indem Sie die gegrillten Pilze auf die Brötchen legen und Babyspinatblätter und Ihre Lieblingsbeläge hinzufügen.
g) Servieren Sie die mediterranen Portobello-Pilzburger.

49.Griechisches Hähnchen-Pita

ZUTATEN:
- 2 Hähnchenbrüste ohne Knochen und Haut
- 1/4 Tasse Olivenöl
- 1 Esslöffel Zitronensaft
- 2 Knoblauchzehen, gehackt
- 1 Teelöffel getrockneter Oregano
- Salz und Pfeffer nach Geschmack
- 4 Fladenbrotscheiben
- 1/2 Tasse Feta-Käse, zerbröselt
- 1/4 Tasse geschnittene Kalamata-Oliven
- 1/4 Tasse gewürfelte Gurke
- 1/4 Tasse gewürfelte Tomaten
- Tzatziki Sauce

ANWEISUNGEN:
a) In einer Schüssel Olivenöl, Zitronensaft, gehackten Knoblauch, getrockneten Oregano, Salz und Pfeffer vermischen.
b) Die Hähnchenbrüste in die Schüssel geben und mit der Marinade bestreichen. Lassen Sie sie mindestens 30 Minuten lang marinieren.
c) Heizen Sie einen Grill oder eine Bratpfanne bei mittlerer Hitze vor und braten Sie die Hähnchenbrust etwa 6–7 Minuten pro Seite oder bis sie gar sind. Lassen Sie sie einige Minuten ruhen, bevor Sie sie in Scheiben schneiden.
d) Die Fladenbrotscheiben im Toaster oder auf dem Grill erwärmen.
e) Die gekochten Hähnchenbrüste in Streifen schneiden.
f) Öffnen Sie die Fladenbrotscheiben und füllen Sie sie mit geschnittenem Hähnchen, zerbröckeltem Feta-Käse, geschnittenen Kalamata-Oliven, gewürfelten Gurken, gewürfelten Tomaten und einem Spritzer Tzatziki-Sauce.
g) Servieren Sie die griechischen Hühnchen-Pitas.

50. Mit Feta und Spinat gefüllter Putenburger

ZUTATEN:
- 1 Pfund gemahlener Truthahn
- 1/2 Tasse Feta-Käse, zerbröselt
- 1/2 Tasse gehackter frischer Spinat
- 1/4 Tasse Semmelbrösel
- 1 Knoblauchzehe, gehackt
- 1 Teelöffel getrockneter Oregano
- Salz und Pfeffer nach Geschmack
- Hamburgerbrötchen
- Belag nach Wahl (Salat, Tomate, rote Zwiebel usw.)

ANWEISUNGEN:

a) In einer Rührschüssel das Putenhackfleisch, den Feta-Käse, den gehackten Spinat, die Semmelbrösel, den gehackten Knoblauch, den getrockneten Oregano, Salz und Pfeffer vermischen. Gut mischen.

b) Teilen Sie die Mischung in vier gleiche Portionen und formen Sie daraus Burger-Patties.

c) Heizen Sie einen Grill oder eine Bratpfanne bei mittlerer Hitze vor und braten Sie die Pastetchen etwa 5–6 Minuten pro Seite oder bis sie gar sind.

d) Nach Belieben die Hamburgerbrötchen toasten.

e) Stellen Sie die Burger zusammen, indem Sie die fertigen Patties auf die Brötchen legen und Ihre Lieblingsbeläge hinzufügen.

f) Servieren Sie die mit Feta und Spinat gefüllten Putenburger.

51. Caprese-Hähnchen-Wrap

ZUTATEN:
- Tortilla-Wraps
- 1 Tasse gekochte und zerkleinerte Hähnchenbrust
- 1/2 Tasse Feta-Käse, zerbröselt
- 1/2 Tasse Kirschtomaten, halbiert
- 1/4 Tasse frische Basilikumblätter, zerrissen
- 2 Esslöffel Balsamico-Glasur
- Salz und Pfeffer nach Geschmack

ANWEISUNGEN:
a) Legen Sie einen Tortilla-Wrap flach auf eine saubere Oberfläche.
b) Die gekochte und zerkleinerte Hähnchenbrust auf dem Wrap verteilen.
c) Streuen Sie zerbröselten Feta-Käse gleichmäßig über das Hähnchen.
d) Kirschtomatenhälften und zerzupfte frische Basilikumblätter darüber geben.
e) Balsamico-Glasur über die Füllung träufeln.
f) Mit Salz und Pfeffer abschmecken.
g) Rollen Sie den Wrap fest auf und schneiden Sie ihn nach Bedarf in Portionen.
h) Servieren Sie den Caprese-Hähnchen-Wrap.

52.Mit Feta und Spinat gefüllter Portobello-Pilz-Burger

ZUTATEN:
- 4 große Portobello-Pilzkappen
- 2 Esslöffel Olivenöl
- 1 Tasse frische Spinatblätter
- 1/2 Tasse Feta-Käse, zerbröselt
- 1/4 Tasse geschnittene Kalamata-Oliven
- Salz und Pfeffer nach Geschmack
- Hamburgerbrötchen
- Belag nach Wahl (rote Zwiebelscheiben, Tomaten usw.)

ANWEISUNGEN:
a) Einen Grill oder eine Pfanne bei mittlerer Hitze vorheizen.
b) Die Portobello-Pilzkappen mit Olivenöl bestreichen und mit Salz und Pfeffer würzen.
c) Kochen Sie die Pilzkappen etwa 4–5 Minuten pro Seite oder bis sie weich sind.
d) Die Pilze vom Herd nehmen und etwas abkühlen lassen.
e) Heizen Sie den Ofen auf 350 °F (175 °C) vor.
f) In einer Schüssel die frischen Spinatblätter, den zerbröckelten Feta-Käse und die geschnittenen Kalamata-Oliven vermischen.
g) Entfernen Sie die Stiele von den Pilzkappen und geben Sie die Spinat-Feta-Mischung in die Kappen.
h) Legen Sie die gefüllten Champignons auf ein Backblech und backen Sie sie etwa 10 Minuten lang oder bis der Käse geschmolzen ist.
i) Nach Belieben die Hamburgerbrötchen toasten.
j) Stellen Sie die Burger zusammen, indem Sie die gefüllten Pilze auf die Brötchen legen und Ihre Lieblingsbeläge hinzufügen.
k) Servieren Sie die mit Feta und Spinat gefüllten Portobello-Pilz-Burger.

53.Griechischer Kichererbsensalat-Wrap

ZUTATEN:

- Tortilla-Wraps
- 1 Dose (15 oz) Kichererbsen, abgespült und abgetropft
- 1/2 Tasse Feta-Käse, zerbröselt
- 1/4 Tasse gewürfelte Gurke
- 1/4 Tasse gewürfelte Tomaten
- 1/4 Tasse gewürfelte rote Zwiebel
- 2 Esslöffel gehackte frische Petersilie
- 2 Esslöffel Zitronensaft
- 2 Esslöffel Olivenöl
- Salz und Pfeffer nach Geschmack

ANWEISUNGEN:

a) In einer Schüssel Kichererbsen, Fetakäse, Gurkenwürfel, Tomatenwürfel, rote Zwiebelwürfel, gehackte Petersilie, Zitronensaft, Olivenöl, Salz und Pfeffer vermischen. Gut mischen.
b) Legen Sie einen Tortilla-Wrap flach auf eine saubere Oberfläche.
c) Eine Schicht Kichererbsensalat auf dem Wrap verteilen.
d) Rollen Sie den Wrap fest auf und schneiden Sie ihn nach Bedarf in Portionen.
e) Servieren Sie den griechischen Kichererbsensalat-Wrap.

54. Mit Feta und Spinat gefülltes Hähnchenbrustsandwich

ZUTATEN:
- 2 Hähnchenbrüste ohne Knochen und Haut
- Salz und Pfeffer nach Geschmack
- 1/4 Tasse Feta-Käse, zerbröselt
- 1/4 Tasse gehackter frischer Spinat
- 1/4 Tasse sonnengetrocknete Tomaten, gehackt
- 2 Esslöffel Olivenöl
- 2 Knoblauchzehen, gehackt
- Hamburgerbrötchen
- Belag nach Wahl (Salat, Tomate, rote Zwiebel usw.)

ANWEISUNGEN:
a) Heizen Sie den Backofen auf 375 °F (190 °C) vor.
b) Schneiden Sie jede Hähnchenbrust horizontal in Scheiben, sodass eine Tasche entsteht.
c) Die Hähnchenbrüste mit Salz und Pfeffer würzen.
d) In einer Schüssel den Feta-Käse, den gehackten Spinat und die sonnengetrockneten Tomaten vermischen.
e) Füllen Sie jede Hähnchenbrusttasche mit der Feta-Spinat-Mischung und befestigen Sie sie dann mit Zahnstochern.
f) Erhitzen Sie das Olivenöl in einer ofenfesten Pfanne bei mittlerer bis hoher Hitze.
g) Den gehackten Knoblauch dazugeben und etwa 1 Minute anbraten.
h) Legen Sie die gefüllten Hähnchenbrüste in die Pfanne und braten Sie sie auf jeder Seite 2-3 Minuten lang oder bis sie braun sind.
i) Stellen Sie die Pfanne in den vorgeheizten Ofen und backen Sie sie etwa 15 bis 20 Minuten lang oder bis das Hähnchen gar ist.
j) Nehmen Sie das Hähnchen aus dem Ofen und lassen Sie es einige Minuten ruhen. Entfernen Sie die Zahnstocher.
k) Nach Belieben die Hamburgerbrötchen toasten.
l) Stellen Sie die Sandwiches zusammen, indem Sie die gefüllten Hähnchenbrüste auf die Brötchen legen und Ihre Lieblingsbeläge hinzufügen.
m) Servieren Sie die mit Feta und Spinat gefüllten Hähnchenbrustsandwiches.

HAUPTKURS

55.Marokkanische Lammlasagne

ZUTATEN:
- 9 Lasagne-Nudeln
- 1 Pfund Lammhackfleisch
- 1 Zwiebel, gehackt
- 3 Knoblauchzehen, gehackt
- 1 Dose (14 Unzen) gewürfelte Tomaten
- 2 Esslöffel Tomatenmark
- 1 Teelöffel gemahlener Kreuzkümmel
- 1 Teelöffel gemahlener Koriander
- ½ Teelöffel gemahlener Zimt
- ½ Teelöffel Salz
- ¼ Teelöffel schwarzer Pfeffer
- 2 Tassen Béchamelsauce (weiße Sauce)
- 1 Tasse zerbröckelter Feta-Käse
- ¼ Tasse gehackte frische Minze

ANWEISUNGEN:

a) Heizen Sie Ihren Backofen auf 375 °F (190 °C) vor und fetten Sie eine 9 x 13 Zoll große Auflaufform leicht ein.

b) Die Lasagne-Nudeln nach Packungsanweisung kochen. Abtropfen lassen und beiseite stellen.

c) In einer großen Pfanne das Lammhackfleisch, die gehackte Zwiebel und den gehackten Knoblauch anbraten, bis das Lammfleisch gebräunt und die Zwiebel weich ist. Überschüssiges Fett abtropfen lassen.

d) Tomatenwürfel, Tomatenmark, gemahlenen Kreuzkümmel, gemahlenen Koriander, gemahlenen Zimt, Salz und schwarzen Pfeffer unterrühren. 10 Minuten köcheln lassen.

e) Bereiten Sie die Béchamelsauce in einem separaten Topf nach Packungsanweisung zu oder bereiten Sie sie selbst zu.

f) Eine dünne Schicht Fleischsauce auf dem Boden der Auflaufform verteilen. Drei Lasagne-Nudeln darauflegen.

g) Eine Schicht Béchamelsauce auf den Nudeln verteilen, gefolgt von einer Schicht Fleischsauce.

h) Wiederholen Sie die Schichten mit drei Lasagne-Nudeln, Béchamelsauce und Fleischsauce.

i) Mit den restlichen drei Lasagne-Nudeln belegen und die restliche Béchamelsauce darüber gießen.

j) Streuen Sie zerbröckelten Feta-Käse darüber.

k) Decken Sie die Auflaufform mit Folie ab und backen Sie sie 25 Minuten lang.

l) Entfernen Sie die Folie und backen Sie weitere 10 Minuten, bis der Käse geschmolzen ist und Blasen bildet.

m) Vor dem Servieren einige Minuten abkühlen lassen.

n) Mit gehackter frischer Minze garnieren.

56. Griechische Moussaka-Lasagne

ZUTATEN:

- 9 Lasagne-Nudeln
- 1 Pfund Lammhackfleisch
- 1 Zwiebel, gehackt
- 3 Knoblauchzehen, gehackt
- 1 Dose (14 Unzen) gewürfelte Tomaten
- 2 Esslöffel Tomatenmark
- 1 Teelöffel getrockneter Oregano
- ½ Teelöffel gemahlener Zimt
- ½ Teelöffel Salz
- ¼ Teelöffel schwarzer Pfeffer
- 2 Tassen Béchamelsauce (weiße Sauce)
- 1 Tasse zerbröckelter Feta-Käse
- ¼ Tasse gehackte frische Petersilie

ANWEISUNGEN:

a) Heizen Sie Ihren Backofen auf 375 °F (190 °C) vor und fetten Sie eine 9 x 13 Zoll große Auflaufform leicht ein.

b) Die Lasagne-Nudeln nach Packungsanweisung kochen. Abtropfen lassen und beiseite stellen.

c) In einer großen Pfanne das Lammhackfleisch, die gehackte Zwiebel und den gehackten Knoblauch anbraten, bis das Lammfleisch gebräunt und die Zwiebel weich ist. Überschüssiges Fett abtropfen lassen.

d) Tomatenwürfel, Tomatenmark, getrockneten Oregano, gemahlenen Zimt, Salz und schwarzen Pfeffer unterrühren. 10 Minuten köcheln lassen.

e) Bereiten Sie die Béchamelsauce in einem separaten Topf nach Packungsanweisung zu oder bereiten Sie sie selbst zu.

f) Eine dünne Schicht Fleischsauce auf dem Boden der Auflaufform verteilen. Drei Lasagne-Nudeln darauflegen.

g) Eine Schicht Béchamelsauce auf den Nudeln verteilen, gefolgt von einer Schicht Fleischsauce.

h) Wiederholen Sie die Schichten mit drei Lasagne-Nudeln, Béchamelsauce und Fleischsauce.

i) Mit den restlichen drei Lasagne-Nudeln belegen und die restliche Béchamelsauce darüber gießen.

j) Streuen Sie zerbröckelten Feta-Käse darüber.

k) Decken Sie die Auflaufform mit Folie ab und backen Sie sie 25 Minuten lang.

l) Entfernen Sie die Folie und backen Sie weitere 10 Minuten, bis der Käse geschmolzen ist und Blasen bildet.

m) Vor dem Servieren einige Minuten abkühlen lassen.

n) Mit gehackter frischer Petersilie garnieren.

57. Vier-Käse-Lasagne

ZUTATEN:
- 9 Lasagne-Nudeln, gekocht und abgetropft
- 2 Tassen geriebener Mozzarella-Käse
- 1 Tasse geriebener Parmesankäse
- 1 Tasse Ricotta-Käse
- 1 Tasse zerbröckelter Feta-Käse
- 2 Tassen Marinara-Sauce
- Frische Basilikumblätter zum Garnieren (optional)

ANWEISUNGEN:
a)   Heizen Sie Ihren Backofen auf 375 °F (190 °C) vor.
b)   Den Boden einer gefetteten Auflaufform mit einer dünnen Schicht Marinara-Sauce bestreichen.
c)   3 Lasagne-Nudeln leicht überlappend auf die Soße legen.
d)   Verteilen Sie eine Schicht Ricotta-Käse auf den Nudeln und streuen Sie anschließend geriebenen Parmesan, geriebenen Mozzarella und zerkrümelten Feta-Käse darüber.
e)   Wiederholen Sie die Schichten und wechseln Sie zwischen Nudeln, Marinara-Sauce, Ricotta-Käse, Parmesan-Käse, Mozzarella-Käse und Feta-Käse. Zum Schluss eine Schicht Marinara-Sauce auftragen und großzügig mit geriebenem Mozzarella-Käse bestreuen.
f)   Decken Sie die Auflaufform mit Folie ab und backen Sie sie 25 Minuten lang im vorgeheizten Ofen. Dann die Folie entfernen und weitere 10–15 Minuten backen, bis der Käse goldbraun und sprudelnd ist.
g)   Nach dem Backen die Lasagne aus dem Ofen nehmen und vor dem Servieren einige Minuten ruhen lassen.
h)   Nach Belieben mit frischen Basilikumblättern garnieren.

58. Feta-Oliven-Lasagne

ZUTATEN:
- 9 Lasagne-Nudeln, gekocht und abgetropft
- 2 Tassen zerbröckelter Feta-Käse
- 1 Tasse geriebener Mozzarella-Käse
- 1 Tasse geriebener Parmesankäse
- 1 Tasse geschnittene Kalamata-Oliven
- 1 Tasse gehackte sonnengetrocknete Tomaten
- 2 Tassen Marinara-Sauce
- Frische Petersilienblätter zum Garnieren (optional)

ANWEISUNGEN:

a) Heizen Sie Ihren Backofen auf 375 °F (190 °C) vor.

b) Den Boden einer gefetteten Auflaufform mit einer dünnen Schicht Marinara-Sauce bestreichen.

c) 3 Lasagne-Nudeln leicht überlappend auf die Soße legen.

d) Streuen Sie eine Schicht zerbröckelten Feta-Käse, geriebenen Mozzarella-Käse und geriebenen Parmesankäse über die Nudeln.

e) Eine Schicht geschnittene Kalamata-Oliven und gehackte sonnengetrocknete Tomaten auf den Käse legen.

f) Wiederholen Sie die Schichten und wechseln Sie zwischen Nudeln, Marinara-Sauce, Feta-Käse, Mozzarella-Käse, Parmesan-Käse, Kalamata-Oliven und sonnengetrockneten Tomaten. Zum Schluss eine Schicht Marinara-Sauce auftragen und großzügig mit geriebenem Mozzarella-Käse bestreuen.

g) Decken Sie die Auflaufform mit Folie ab und backen Sie sie 25 Minuten lang im vorgeheizten Ofen. Dann die Folie entfernen und weitere 10–15 Minuten backen, bis der Käse goldbraun und sprudelnd ist.

h) Nach dem Backen die Lasagne aus dem Ofen nehmen und vor dem Servieren einige Minuten ruhen lassen.

i) Nach Belieben mit frischen Petersilienblättern garnieren.

59. Basilikum-Puttanesca-Miesmuscheln

ZUTATEN:
- ½ Tasse Basilikum
- ½ Tasse italienische Petersilie
- ½ Tasse Walnüsse
- ¼ Tasse Olivenöl
- 2 gehackte Knoblauchzehen
- 2 Esslöffel Zitronensaft
- ½ Teelöffel Salz
- 8 Unzen. Engelshaarnudeln
- 2 gehackte süße rote Kirschpaprika
- 1 gehackte Tomate
- 1/8 Tasse sonnengetrocknete Tomaten, eingelegt in Öl
- 2 Esslöffel zerbröselter Feta-Käse
- 1/8 Tasse gehackte Olive Ihrer Wahl
- 1 Teelöffel Kapern
- 3 2/3 oz. geräucherte Muscheln
- Pfeffer

ANWEISUNGEN:

a) Für das Pesto in einer Küchenmaschine Walnüsse, frische Kräuter, Knoblauch, Zitronensaft, Olivenöl und Salz hinzufügen und pürieren, bis eine glatte Masse entsteht.

b) Bereiten Sie die Nudeln gemäß der Packungsanleitung zu.

c) Geben Sie das Pesto, die Nudeln und die restlichen Zutaten in eine große Servierschüssel und vermischen Sie alles gut.

60. Mit sonnengetrockneten Tomaten und Spinat gefülltes Hähnchen

ZUTATEN:
- 4 Hähnchenbrustfilets ohne Knochen und Haut
- ½ Tasse gehackte sonnengetrocknete Tomaten
- ½ Tasse gehackter Spinat
- ¼ Tasse zerbröckelter Feta-Käse
- 1 Knoblauchzehe, gehackt
- Salz und Pfeffer nach Geschmack

ANWEISUNGEN:
a) Ofen auf 375°F vorheizen.
b) In einer Schüssel sonnengetrocknete Tomaten, Spinat, Feta-Käse, Knoblauch, Salz und Pfeffer vermischen.
c) Machen Sie eine Tasche in die Hähnchenbrust, indem Sie einen Schlitz in die dickste Stelle der Brust schneiden.
d) Füllen Sie die Hähnchenbrüste mit der Mischung aus sonnengetrockneten Tomaten.
e) Mit Zahnstochern oder Küchengarn befestigen.
f) Die gefüllten Hähnchenbrüste in eine Auflaufform legen.
g) 25–30 Minuten backen oder bis das Hähnchen gar ist.
h) Lassen Sie es einige Minuten ruhen, bevor Sie es in Scheiben schneiden und servieren.

61.Portobellos aus sonnengetrockneten Tomaten und Feta

ZUTATEN:
- 4 große Portobello-Pilze
- ½ Tasse zerbröckelter Feta-Käse
- ¼ Tasse gehackte sonnengetrocknete Tomaten
- ¼ Tasse gehackte frische Petersilie
- 1 Knoblauchzehe, gehackt
- ¼ Tasse Semmelbrösel
- Salz und Pfeffer nach Geschmack

ANWEISUNGEN:

a) Ofen auf 375°F vorheizen.
b) Die Portobello-Pilze putzen und die Stiele entfernen.
c) In einer Schüssel zerbröckelten Feta-Käse, gehackte sonnengetrocknete Tomaten, gehackte frische Petersilie, gehackten Knoblauch, Semmelbrösel, Salz und Pfeffer vermischen.
d) Füllen Sie jeden Pilz mit der Mischung.
e) Gefüllte Champignons auf ein Backblech legen.
f) 20–25 Minuten backen oder bis die Pilze weich und der Käse geschmolzen sind.
g) Heiß servieren.

62. Thunfischbrot mit sonnengetrockneten Tomaten und Feta

ZUTATEN:
- 3 Eier
- 1 große Dose Thunfisch 400 g (280 g abgetropft)
- 200 Gramm Mehl
- 1 Packung Backpulver 11 gr
- 50 ml Olivenöl
- 100 ml Milch oder Pflanzenmilch
- 125 Gramm Feta
- 75 Gramm sonnengetrocknete Tomaten

ANWEISUNGEN:

a)   Den Backofen auf 180 °C / 350 °F vorheizen

b)   In einer Schüssel Eier verquirlen, so wie man es für ein Omelett tun würde.

c)   Mehl und Backpulver hinzufügen und vermischen.

d)   Dann Olivenöl und Milch noch einmal verrühren, bis ein glatter Teig entsteht.

e)   Thunfisch abtropfen lassen, grob zerbröseln und zur Zubereitung geben. Kombinieren.

f)   Getrocknete Tomaten abtropfen lassen und in Stücke schneiden. Fügen Sie sie mit Fetawürfeln zur Zubereitung hinzu.

g)   Eine Kastenform mit Öl oder Butter einfetten, etwas Mehl darüberstreuen (oder eine Silikonform verwenden, kein Einfetten nötig).

h)   Den Teig einfüllen und etwa 45 Minuten bei 180 °C / 350 °F backen. Wenn die Messerspitze trocken herauskommt, ist das Brot gebacken.

SUPPEN

63. Tomaten-Feta-Suppe

ZUTATEN:
- 2 Esslöffel Olivenöl
- 1 Zwiebel, gehackt
- 2 Knoblauchzehen, gehackt
- 1 Dose (28 oz) zerdrückte Tomaten
- 4 Tassen Gemüsebrühe
- 1 Teelöffel getrocknetes Basilikum
- 1 Teelöffel getrockneter Oregano
- Salz und Pfeffer nach Geschmack
- 1/2 Tasse zerbröselter Feta-Käse
- Frische Basilikumblätter zum Garnieren

ANWEISUNGEN:
a)   Das Olivenöl in einem großen Topf bei mittlerer Hitze erhitzen.
b)   Die gehackte Zwiebel und den gehackten Knoblauch hinzufügen und anbraten, bis die Zwiebel weich und durchscheinend ist.
c)   Zerkleinerte Tomaten, Gemüsebrühe, getrocknetes Basilikum, getrockneten Oregano, Salz und Pfeffer hinzufügen. Zum Kombinieren umrühren.
d)   Bringen Sie die Suppe zum Kochen und lassen Sie sie etwa 15–20 Minuten kochen, damit sich die Aromen vermischen.
e)   Verwenden Sie einen Stabmixer oder geben Sie die Suppe in einen Mixer und mixen Sie alles, bis eine glatte Masse entsteht.
f)   Geben Sie die Suppe zurück in den Topf und rühren Sie den zerbröckelten Feta-Käse unter, bis er geschmolzen und vermischt ist.
g)   Abschmecken und bei Bedarf nachwürzen.
h)   Die Tomaten-Feta-Suppe heiß servieren, garniert mit frischen Basilikumblättern.

64. Brokkoli-Microgreen-Suppe mit Feta

ZUTATEN:
- 1 gelbe Zwiebel, in Spalten geschnitten
- 1 Tasse weiße Bohnen, gekocht oder aus der Dose
- 4 Tassen Gemüsebrühe
- 4 ganze Knoblauchzehen, geschält
- 3 Esslöffel ungesalzene geröstete Sonnenblumenkerne
- 1 Esslöffel Traubenkernöl
- ¼ Teelöffel Salz
- 3 Unzen Feta-Käse, gehackt
- Saft einer halben Zitrone
- ½ Teelöffel Chilipulver
- 2 Tassen Brokkoli-Microgreens
- 1 Kopf Brokkoli, in Röschen gewürfelt
- 2 Esslöffel natives Olivenöl extra

ANWEISUNGEN:
a) Heizen Sie den Ofen auf 425 °F vor.
b) Brokkoli, Zwiebel und Knoblauch in einer Rührschüssel mit Öl und Salz vermengen.
c) Den Brokkoli auf ein Backblech legen und ausbreiten.
d) 25 Minuten rösten, dabei regelmäßig umrühren.
e) In einem Mixer Brühe, geröstetes Gemüse, Mikrogemüse, Feta, Bohnen, Zitronensaft und Chilipulver pürieren, bis eine vollkommen glatte Masse entsteht.
f) Die Suppe in einem Topf erhitzen.
g) Mit weiteren Microgreens, Feta, Sonnenblumenkernen und einem Schuss Öl garniert servieren.

65.Spinat-Feta-Makkaroni-Käse-Suppe

ZUTATEN:

- 2 Tassen gekochte Makkaroni
- 3 Tassen Gemüsebrühe
- 1 Tasse Milch
- 2 Tassen frische Spinatblätter
- ½ Tasse zerbröckelter Feta-Käse
- ¼ Tasse gewürfelte Zwiebeln
- 2 Esslöffel Butter
- 2 Esslöffel Allzweckmehl
- Salz und Pfeffer nach Geschmack

ANWEISUNGEN:

a) In einem großen Topf die Butter bei mittlerer Hitze schmelzen.
b) Die gewürfelten Zwiebeln in den Topf geben und anbraten, bis sie glasig werden.
c) Das Mehl über die Zwiebeln streuen und gut verrühren.
d) Unter ständigem Rühren nach und nach die Gemüsebrühe angießen.
e) Geben Sie die frischen Spinatblätter in den Topf und lassen Sie die Suppe köcheln.
f) Kochen, bis der Spinat zusammenfällt und zart wird, etwa 2-3 Minuten.
g) Die gekochten Makkaroni und die Milch in den Topf geben und umrühren.
h) Den zerbröselten Feta-Käse unterrühren, bis er geschmolzen und glatt ist.
i) Mit Salz und Pfeffer abschmecken.
j) Noch ein paar Minuten köcheln lassen, damit sich die Aromen vermischen.
k) Servieren Sie die Spinat-Feta-Mac-Käse-Suppe heiß.

66.Spinat-Feta-Suppe

ZUTATEN:
- 2 Esslöffel Olivenöl
- 1 Zwiebel, gehackt
- 2 Knoblauchzehen, gehackt
- 4 Tassen Gemüsebrühe
- 1 Bund frischer Spinat, Stiele entfernt und Blätter gehackt
- 1/2 Tasse zerbröselter Feta-Käse
- Salz und Pfeffer nach Geschmack

ANWEISUNGEN:
a) Das Olivenöl in einem großen Topf bei mittlerer Hitze erhitzen.
b) Die gehackte Zwiebel und den gehackten Knoblauch hinzufügen und anbraten, bis die Zwiebel weich und durchscheinend ist.
c) Mit der Gemüsebrühe aufgießen und zum Kochen bringen.
d) Die gehackten Spinatblätter dazugeben und etwa 5 Minuten köcheln lassen, bis sie zusammengefallen sind.
e) Verwenden Sie einen Stabmixer oder geben Sie die Suppe in einen Mixer und mixen Sie alles, bis eine glatte Masse entsteht.
f) Geben Sie die Suppe zurück in den Topf und rühren Sie den zerbröckelten Feta-Käse unter, bis er geschmolzen und vermischt ist.
g) Mit Salz und Pfeffer abschmecken.
h) Die Spinat-Feta-Suppe heiß servieren.

67. Geröstete rote Paprika-Feta-Suppe

ZUTATEN:
- 2 rote Paprika
- 2 Esslöffel Olivenöl
- 1 Zwiebel, gehackt
- 2 Knoblauchzehen, gehackt
- 4 Tassen Gemüsebrühe
- 1/2 Tasse zerbröselter Feta-Käse
- Salz und Pfeffer nach Geschmack
- Frische Basilikumblätter zum Garnieren

ANWEISUNGEN:
a) Heizen Sie den Grill in Ihrem Ofen vor.
b) Legen Sie die roten Paprika auf ein Backblech und braten Sie sie unter gelegentlichem Wenden an, bis die Schale schwarz wird und Blasen wirft.
c) Die Paprika aus dem Ofen nehmen und in eine Schüssel geben. Decken Sie die Schüssel mit Plastikfolie ab und lassen Sie die Paprika etwa 10 Minuten lang dämpfen.
d) Von den gerösteten Paprikaschoten die Schale abziehen, die Kerne entfernen und das Fruchtfleisch in kleinere Stücke schneiden.
e) Das Olivenöl in einem großen Topf bei mittlerer Hitze erhitzen.
f) Die gehackte Zwiebel und den gehackten Knoblauch hinzufügen und anbraten, bis die Zwiebel weich und durchscheinend ist.
g) Die gehackten gerösteten roten Paprika und die Gemüsebrühe in den Topf geben. Bringen Sie es zum Kochen.
h) Reduzieren Sie die Hitze und lassen Sie die Suppe etwa 15–20 Minuten köcheln.
i) Verwenden Sie einen Stabmixer oder geben Sie die Suppe in einen Mixer und mixen Sie alles, bis eine glatte Masse entsteht.
j) Geben Sie die Suppe zurück in den Topf und rühren Sie den zerbröckelten Feta-Käse unter, bis er geschmolzen und vermischt ist.
k) Mit Salz und Pfeffer abschmecken.
l) Servieren Sie die geröstete Paprika-Feta-Suppe heiß und garniert mit frischen Basilikumblättern.

68.Linsen-Feta-Suppe

ZUTATEN:

- 1 Esslöffel Olivenöl
- 1 Zwiebel, gehackt
- 2 Knoblauchzehen, gehackt
- 1 Karotte, gewürfelt
- 1 Selleriestange, gewürfelt
- 1 Tasse getrocknete Linsen, abgespült
- 4 Tassen Gemüsebrühe
- 1 Lorbeerblatt
- 1 Teelöffel getrockneter Thymian
- Salz und Pfeffer nach Geschmack
- 1/2 Tasse zerbröselter Feta-Käse
- Frische Petersilie zum Garnieren

ANWEISUNGEN:

a) Das Olivenöl in einem großen Topf bei mittlerer Hitze erhitzen.

b) Fügen Sie die gehackte Zwiebel, den gehackten Knoblauch, die gewürfelte Karotte und den gewürfelten Sellerie hinzu. Anbraten, bis das Gemüse weich ist.

c) Getrocknete Linsen, Gemüsebrühe, Lorbeerblatt, getrockneten Thymian, Salz und Pfeffer in den Topf geben. Zum Kombinieren umrühren.

d) Bringen Sie die Suppe zum Kochen, reduzieren Sie dann die Hitze und lassen Sie sie etwa 30–40 Minuten lang köcheln, bis die Linsen weich sind.

e) Das Lorbeerblatt aus der Suppe nehmen.

f) Verwenden Sie einen Stabmixer oder geben Sie einen Teil der Suppe in einen Mixer und mixen Sie alles, bis eine glatte Masse entsteht.

g) Geben Sie die pürierte Suppe wieder in den Topf und rühren Sie den zerbröckelten Feta-Käse unter, bis er geschmolzen und vermischt ist.

h) Abschmecken und bei Bedarf nachwürzen.

i) Die Linsen-Feta-Suppe heiß servieren, garniert mit frischer Petersilie.

SALATE

69.Tomatensalat mit gegrilltem Brot

ZUTATEN:
- 3 Pfund. Tomaten, in Stücke schneiden
- 1 Gurke, geschält und in Scheiben geschnitten
- 4-Unzen-Behälter mit zerbröckeltem Feta-Käse
- ¼ Tasse Balsamico-Essig
- ¼ Teelöffel Salz
- ¼ Teelöffel Pfeffer
- 8 dicke Scheiben knuspriges italienisches Brot, gewürfelt
- 2 Tassen Wassermelone, in ½-Zoll-Würfel geschnitten
- 1 rote Zwiebel, sehr dünn geschnitten und in Ringe geteilt
- 3,8-Unzen-Dose geschnittene schwarze Oliven, abgetropft
- ¼ Tasse plus ½ Teelöffel Olivenöl
- ½ Tasse frisches Basilikum, zerrissen

ANWEISUNGEN:

a) Tomaten, Gurken, Käse, Essig, Salz und Pfeffer in einer großen Servierschüssel vermischen.

b) Zum Mischen umrühren; abdecken und eine Stunde kalt stellen. Brotwürfel auf ein ungefettetes Backblech legen.

c) Bei 350 Grad 5 Minuten backen oder bis es leicht goldbraun ist.

d) Zum Servieren Brotwürfel und die restlichen Zutaten zur Tomatenmischung geben. Ganz leicht umrühren und servieren.

70. Mediterraner Gnocchi-Salat

ZUTATEN:
- 1 Pfund Kartoffelgnocchi
- 1 Tasse Gurke, gewürfelt
- 1 Tasse Kirschtomaten, halbiert
- ½ Tasse Kalamata-Oliven, entkernt und halbiert
- ¼ Tasse rote Zwiebel, in dünne Scheiben geschnitten
- Feta-Käse, zerbröselt
- Frische Petersilie, gehackt
- Zitronenvinaigrette-Dressing

ANWEISUNGEN:
a) Die Gnocchi nach Packungsanweisung kochen, dann abgießen und beiseite stellen.
b) In einer großen Schüssel die gekochten Gnocchi, Gurken, Kirschtomaten, Kalamata-Oliven, roten Zwiebeln, zerbröckelten Feta-Käse und gehackte Petersilie vermischen.
c) Mit Zitronenvinaigrette-Dressing beträufeln und vorsichtig vermischen.
d) Passen Sie die Gewürze bei Bedarf an.
e) Servieren Sie den mediterranen Gnocchi-Salat als lebendige und geschmackvolle Option.

71.Spinat-Feta-Gnocchi-Salat

ZUTATEN:
- 1 Pfund Kartoffelgnocchi
- Frische Spinatblätter
- Feta-Käse, zerbröselt
- Kirschtomaten, halbiert
- Rote Zwiebel, in dünne Scheiben geschnitten
- Geröstete Pinienkerne
- Balsamico-Vinaigrette-Dressing
- Salz und Pfeffer nach Geschmack

ANWEISUNGEN:

a)   Die Gnocchi nach Packungsanweisung kochen, dann abgießen und beiseite stellen.

b)   In einer großen Schüssel frischen Spinat, zerbröckelten Feta-Käse, halbierte Kirschtomaten, dünn geschnittene rote Zwiebeln und geröstete Pinienkerne vermischen.

c)   Die gekochten Gnocchi in die Schüssel geben und mit Balsamico-Vinaigrette-Dressing beträufeln.

d)   Mit Salz und Pfeffer würzen.

e)   Vorsichtig umrühren, um alle Zutaten zu vermischen.

f)   Servieren Sie den Spinat-Feta-Gnocchi-Salat als leichte und nahrhafte Variante.

72.Spargel-Quinoa-Salat

ZUTATEN:
- 1 Bund Spargel
- 1 Tasse gekochte Quinoa
- 1/4 Tasse gehackte frische Kräuter (wie Petersilie, Minze oder Basilikum)
- 1/4 Tasse zerbröckelter Feta-Käse
- 2 Esslöffel Zitronensaft
- 2 Esslöffel natives Olivenöl extra
- Salz und Pfeffer nach Geschmack
- Optionale Beläge: Kirschtomaten, Gurkenwürfel, geschnittene rote Zwiebeln

ANWEISUNGEN:
a)   Schneiden Sie die harten Enden des Spargels ab und schneiden Sie ihn in mundgerechte Stücke.
b)   Den Spargel dämpfen oder blanchieren, bis er weich ist. Abgießen und abkühlen lassen.
c)   In einer großen Schüssel den gekochten Quinoa, die gehackten frischen Kräuter, den zerbröckelten Feta-Käse, den abgekühlten Spargel und optionale Toppings vermischen.
d)   Mit Zitronensaft und nativem Olivenöl extra beträufeln.
e)   Mit Salz und Pfeffer abschmecken.
f)   Vorsichtig umrühren, um alle Zutaten zu vermischen.
g)   Servieren Sie den Spargel-Quinoa-Salat als vollwertige und sättigende Mahlzeit.

73.Hummer-, Feta- und Ravioli-Salat

ZUTATEN:
FÜR DEN SALAT:
- 8 Unzen gekochtes Hummerfleisch, gehackt
- 8 Unzen gekochte Käseravioli
- 1 Tasse Kirschtomaten, halbiert
- 1 Tasse Rucola oder gemischter Salat
- ¼ Tasse rote Zwiebel, in dünne Scheiben geschnitten
- ¼ Tasse geschnittene schwarze Oliven
- ¼ Tasse zerbröckelter Feta-Käse
- Frische Basilikumblätter zum Garnieren

FÜR DAS DRESSING:
- 3 Esslöffel natives Olivenöl extra
- 1 Esslöffel Zitronensaft
- 1 Teelöffel Dijon-Senf
- 1 Knoblauchzehe, gehackt
- Salz und Pfeffer nach Geschmack

ANWEISUNGEN:
a) Die Ravioli nach Packungsanweisung zubereiten. Abgießen und zum Abkühlen beiseite stellen.
b) In einer großen Rührschüssel gehacktes Hummerfleisch, gekochte Ravioli, Kirschtomaten, Rucola oder gemischten Salat, rote Zwiebeln und schwarze Oliven vermischen. Vorsichtig umrühren und vermischen.
c) In einer kleinen Schüssel Olivenöl, Zitronensaft, Dijon-Senf, gehackten Knoblauch, Salz und Pfeffer verrühren, um das Dressing herzustellen.
d) Das Dressing über den Salat gießen und verrühren, bis alle Zutaten bedeckt sind.
e) Streuen Sie zerbröselten Feta-Käse über den Salat und schwenken Sie ihn erneut vorsichtig.
f) Den Hummer-Ravioli-Salat auf Servierteller verteilen.
g) Mit frischen Basilikumblättern garnieren.
h) Servieren Sie den Salat sofort als leichte und erfrischende Mahlzeit.

74.Caesar-Salat aus dem Holzofen

ZUTATEN:
SALAT
- 2 ganze Kopfsalate, der Länge nach halbiert
- 8 Scheiben geräucherter, durchwachsener Speck
- 2 Unzen Croutons
- 2 Unzen Feta
- 2 Zitronen, halbiert
- 2 Esslöffel Parmesan, gehobelt

DRESSING
- 1 Knoblauchzehe, zerdrückt
- 2 Sardellen, fein gehackt
- 5 Esslöffel Mayonnaise
- 1 Esslöffel Weißweinessig

ANWEISUNGEN:

a)   Alle Zutaten für das Dressing in eine Rührschüssel geben und glatt rühren.

b)   Die Grizzler-Pfanne im Holzofen vorheizen.

c)   Nehmen Sie den Grizzler aus dem Holzofen und geben Sie den Speck in die Pfanne.

d)   Drei Minuten lang in Ihrem Holzofen backen oder bis der Speck knusprig ist.

e)   Nehmen Sie die Pfanne vom Herd und legen Sie die halbierten Salatblätter und Zitronen auf den Speck auf dem Grizzler.

f)   1 Minute im Ofen garen oder bis auf der Unterseite des Salats und der Zitronen Grillspuren zu sehen sind.

g)   Nehmen Sie den Inhalt der Pfanne heraus und legen Sie ihn auf eine Servierplatte.

h)   Den Salat mit zerbröckeltem Feta, einem großzügigen Schuss Dressing und einer Handvoll knuspriger Croutons belegen.

75. Hibiskus-Quinoa-Salat

ZUTATEN:
- 1 Tasse gekochte Quinoa
- ½ Tasse Hibiskustee (stark aufgebrüht und gekühlt)
- 1 Tasse Kirschtomaten, halbiert
- ½ Tasse Gurke, gewürfelt
- ¼ Tasse rote Zwiebel, fein gehackt
- ¼ Tasse zerbröckelter Feta-Käse
- 2 Esslöffel gehackte frische Petersilie
- 2 Esslöffel Zitronensaft
- 2 Esslöffel natives Olivenöl extra
- Salz und Pfeffer nach Geschmack

ANWEISUNGEN:

a) In einer großen Schüssel gekochtes Quinoa, Hibiskustee, Kirschtomaten, Gurke, rote Zwiebel, zerbröckelten Feta-Käse und gehackte frische Petersilie vermischen.

b) In einer kleinen Schüssel Zitronensaft, Olivenöl, Salz und Pfeffer verrühren.

c) Gießen Sie das Dressing über den Quinoa-Salat und vermischen Sie es vorsichtig.

d) Lassen Sie den Salat etwa 15 Minuten ruhen, damit sich die Aromen vermischen. Bei Bedarf nachwürzen.

e) Servieren Sie den mit Hibiskus angereicherten Quinoa-Salat als erfrischende Beilage oder fügen Sie gegrilltes Hähnchen, Garnelen oder Kichererbsen hinzu, um daraus eine komplette Mahlzeit zu machen.

76.Wassermelone mit Rettich-Microgreens-Salat

ZUTATEN:
- 1 Esslöffel Balsamico-Essig
- Salz nach Geschmack
- Eine Handvoll Radieschen-Microgreens
- 2 Esslöffel Olivenöl, extra vergine
- 1 Scheibe Wassermelone
- 2 Esslöffel gehackte Mandeln
- 20 g Feta-Käse, zerbröselt

ANWEISUNGEN:
a) Legen Sie Ihre Wassermelone auf einen Teller.
b) Feta-Käse und Mandeln auf der Wassermelone verteilen.
c) Das Olivenöl extra vergine und den Balsamico-Essig darüber träufeln.
d) Die Microgreens darüber geben.

77. Griechischer Ravioli-Salat

ZUTATEN:

- 1 Packung Spinat-Feta-Ravioli
- 1 Tasse Gurke, gewürfelt
- 1 Tasse Kirschtomaten, halbiert
- ½ Tasse Kalamata-Oliven, entkernt und halbiert
- ¼ Tasse rote Zwiebel, in dünne Scheiben geschnitten
- ¼ Tasse zerbröckelter Feta-Käse
- 2 Esslöffel Zitronensaft
- 2 Esslöffel natives Olivenöl extra
- 1 Esslöffel frischer Dill, gehackt
- Salz und Pfeffer nach Geschmack

ANWEISUNGEN:

a) Spinat-Feta-Ravioli nach Packungsanweisung zubereiten. Abgießen und abkühlen lassen.

b) In einer großen Schüssel die gekochten Ravioli, Gurken, Kirschtomaten, Kalamata-Oliven, roten Zwiebeln und zerbröckelten Feta-Käse vermischen.

c) In einer separaten kleinen Schüssel Zitronensaft, natives Olivenöl extra, frischen Dill, Salz und Pfeffer verrühren, um das Dressing herzustellen.

d) Das Dressing über den Salat gießen und vermengen.

e) Den griechischen Raviolisalat gekühlt servieren.

78.Minziger Wassermelonensalat

ZUTATEN:

- 4 Tassen gewürfelte Wassermelone
- ¼ Tasse zerbröckelter Feta-Käse
- ¼ Tasse gehackte frische Minzblätter
- 2 Esslöffel Balsamico-Glasur
- Salz und Pfeffer nach Geschmack

ANWEISUNGEN:

a) In einer großen Schüssel die gewürfelte Wassermelone, den zerbröckelten Feta-Käse und die gehackten Minzblätter vermengen.

b) Die Balsamico-Glasur über den Salat träufeln und mit Salz und Pfeffer abschmecken.

c) Den Wassermelonensalat gekühlt servieren.

d) Genießen!

79. Minz-Orangen-Salat

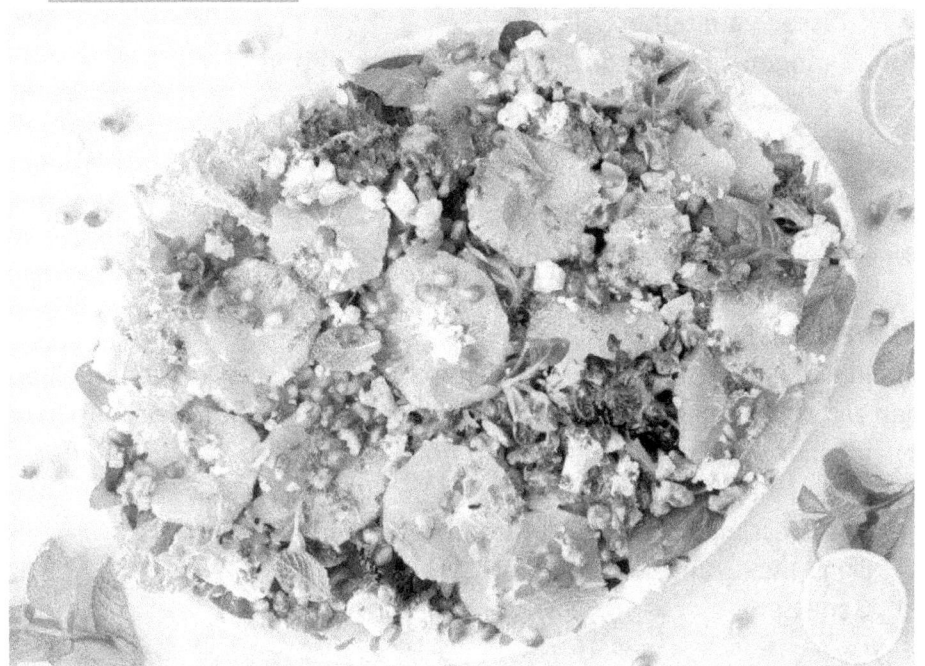

ZUTATEN:
- 4 Tassen gemischter Salat
- 2 Orangen, geschält und in Scheiben geschnitten
- ¼ Tasse zerbröckelter Feta-Käse
- ¼ Tasse gehackte frische Minzblätter
- 2 Esslöffel Olivenöl
- 2 Esslöffel Orangensaft
- Salz und Pfeffer nach Geschmack

ANWEISUNGEN:
a) In einer großen Schüssel den gemischten Salat, die Orangenscheiben, den zerbröckelten Feta-Käse und die gehackten Minzblätter vermischen.
b) In einer separaten Schüssel Olivenöl, Orangensaft, Salz und Pfeffer verrühren, bis alles gut vermischt ist.
c) Das Dressing über den Salat träufeln und vermischen.
d) Den Minz-Orangen-Salat sofort servieren.
e) Genießen!

80. Salat aus sonnengetrockneten Tomaten und Feta

ZUTATEN:
- 4 Tassen gemischtes Grün
- ½ Tasse gehackte sonnengetrocknete Tomaten
- ½ Tasse zerbröckelter Feta-Käse
- ¼ Tasse geschnittene rote Zwiebel
- ¼ Tasse gehobelte Mandeln
- Salz und Pfeffer nach Geschmack
- Balsamico-Vinaigrette

ANWEISUNGEN:

a) In einer großen Schüssel gemischtes Gemüse, gehackte sonnengetrocknete Tomaten, zerbröckelten Feta-Käse, geschnittene rote Zwiebeln und geschnittene Mandeln vermischen.
b) Mit Salz und Pfeffer abschmecken.
c) Balsamico-Vinaigrette über den Salat träufeln und vermischen.
d) Sofort servieren.

81. Griechischer Makkaroni-Käse-Salat

ZUTATEN:
- 1 Schachtel Mac and Cheese
- ½ Tasse gehackte Gurke
- ½ Tasse gehackte Kirschtomaten
- ¼ Tasse zerbröckelter Feta-Käse
- ¼ Tasse gehackte Kalamata-Oliven
- ¼ Tasse gehackte rote Zwiebel
- 2 Esslöffel Olivenöl
- 1 Esslöffel Rotweinessig
- Salz und Pfeffer nach Geschmack

ANWEISUNGEN:

a)   Kochen Sie die Makkaroni und den Käse gemäß den Anweisungen auf der Packung. Abkühlen lassen.

b)   In einer separaten Schüssel die gehackte Gurke, gehackte Kirschtomaten, zerbröckelten Feta-Käse, gehackte Kalamata-Oliven, gehackte rote Zwiebel, Olivenöl, Rotweinessig, Salz und Pfeffer vermischen.

c)   Den abgekühlten Makkaroni-Käse dazugeben und umrühren, bis alles gleichmäßig bedeckt ist.

82.Gegrillter Wassermelonensalat

ZUTATEN:
- 4 dicke Scheiben Wassermelone, Schale entfernt
- 4 Tassen Rucola
- ½ Tasse zerbröckelter Feta-Käse
- ¼ Tasse gehackte Minzblätter
- ¼ Tasse Balsamico-Glasur

ANWEISUNGEN:
a) Den Grill auf hohe Hitze vorheizen.
b) Wassermelonenscheiben auf jeder Seite 1-2 Minuten grillen, bis sie leicht verkohlt sind.
c) Rucola auf einer Servierplatte anrichten.
d) Mit gegrillten Wassermelonenscheiben, zerbröckeltem Feta-Käse und gehackten Minzblättern belegen.
e) Mit Balsamico-Glasur beträufeln und servieren.

83. Gegrillter Pfirsich-Rucola-Salat

ZUTATEN:
- 3 Pfirsiche, halbiert und entkernt
- 4 Tassen Rucola
- ¼ Tasse gehackte frische Minze
- ¼ Tasse zerbröckelter Feta-Käse
- 2 Esslöffel Balsamico-Essig
- 2 Esslöffel Olivenöl
- Salz und schwarzer Pfeffer

ANWEISUNGEN:

a) Den Grill auf mittlere bis hohe Hitze vorheizen.
b) Die Pfirsichhälften mit Olivenöl bestreichen und mit Salz und schwarzem Pfeffer würzen.
c) Die Pfirsichhälften auf jeder Seite 2-3 Minuten grillen oder bis Grillspuren entstehen.
d) Vom Grill nehmen und abkühlen lassen.
e) Die gegrillten Pfirsiche in mundgerechte Stücke schneiden.
f) In einer großen Schüssel Rucola, gegrillte Pfirsichstücke, gehackte Minze und zerbröckelten Feta-Käse vermengen.
g) In einer kleinen Schüssel Balsamico-Essig und Olivenöl verrühren.
h) Die Balsamico-Vinaigrette über den Salat träufeln und vermengen.
i) Mit Salz und schwarzem Pfeffer abschmecken.
j) Sofort servieren.

84.Drachenfrucht-Quinoa-Salat

ZUTATEN:
- 1 Drachenfrucht
- 2 Tassen gekochte Quinoa
- ½ Tasse zerbröckelter Feta-Käse
- ½ Tasse gehackte Gurke
- ½ Tasse gehackte Kirschtomaten
- 2 Esslöffel gehackte frische Minze
- 2 Esslöffel Olivenöl
- 1 Esslöffel Honig
- Salz und Pfeffer nach Geschmack

ANWEISUNGEN:

a) Die Drachenfrucht halbieren und das Fruchtfleisch herauslöffeln.

b) In einer großen Schüssel Quinoa, Feta-Käse, Gurke, Kirschtomaten und Minze vermischen.

c) In einer separaten Schüssel Olivenöl, Honig, Salz und Pfeffer verrühren.

d) Das Dressing unter die Quinoa-Mischung heben, bis alles gut vermischt ist.

e) Das Fruchtfleisch der Drachenfrucht unterheben.

f) Gekühlt auf einem Salatbett oder gemischtem Gemüse servieren.

85.Amaretto-Erdbeersalat

ZUTATEN:
- 4 Tassen Babyspinat
- 1 Pint frische Erdbeeren, in Scheiben geschnitten
- ¼ Tasse Mandelblättchen
- ¼ Tasse zerbröckelter Feta-Käse
- 2 Esslöffel Balsamico-Essig
- 1 Esslöffel Honig
- 1 Esslöffel Amaretto-Likör

ANWEISUNGEN:

a) In einer großen Schüssel Babyspinat, geschnittene Erdbeeren, geschnittene Mandeln und zerbröckelten Feta-Käse vermischen.

b) In einer separaten kleinen Schüssel Balsamico-Essig, Honig und Amaretto-Likör verrühren.

c) Das Dressing über den Salat träufeln und vorsichtig vermischen.

86. Griechischer Wan-Tan-Salat

ZUTATEN:
- 4 Tassen gemischtes Grün
- 1/4 Tasse zerbröckelter Feta-Käse
- 1/4 Tasse geschnittene Kalamata-Oliven
- 1/4 Tasse geschnittene Gurke
- 1/4 Tasse gewürfelte Tomate
- 8 Wan-Tan-Wrapper, frittiert und gehackt

DRESSING:
- 2 Esslöffel Rotweinessig
- 1 Esslöffel Olivenöl
- 1 Knoblauchzehe, gehackt
- 1/2 Teelöffel getrockneter Oregano
- Salz und Pfeffer nach Geschmack

ANWEISUNGEN:

a) In einer großen Schüssel gemischtes Gemüse, zerbröckelten Feta-Käse, geschnittene Kalamata-Oliven, geschnittene Gurken und gewürfelte Tomaten vermischen.

b) In einer kleinen Schüssel Rotweinessig, Olivenöl, gehackten Knoblauch, getrockneten Oregano, Salz und Pfeffer verrühren, um das Dressing herzustellen.

c) Das Dressing über den Salat gießen und vermengen.

d) Mit gehackten frittierten Wontons belegen.

e) Sofort servieren.

87.Petersilien-Gurken-Salat mit Feta

ZUTATEN:
- 1 Esslöffel Granatapfelmelasse
- 1 Esslöffel Rotweinessig
- ¼ Teelöffel Speisesalz
- ⅛ Teelöffel Pfeffer
- Eine Prise Cayennepfeffer
- 3 Esslöffel natives Olivenöl extra
- 3 Tassen frische Petersilienblätter
- 1 englische Gurke, der Länge nach halbiert und in dünne Scheiben geschnitten
- 1 Tasse Walnüsse, geröstet und grob gehackt, geteilt
- 1 Tasse Granatapfelkerne, geteilt
- 4 Unzen Feta-Käse, in dünne Scheiben geschnitten

ANWEISUNGEN:

a) Granatapfelmelasse, Essig, Salz, Pfeffer und Cayennepfeffer in einer großen Schüssel verquirlen. Unter ständigem Rühren langsam Öl einträufeln, bis es emulgiert ist.

b) Petersilie, Gurke, ½ Tasse Walnüsse und ½ Tasse Granatapfelkerne hinzufügen und vermengen. Mit Salz und Pfeffer abschmecken.

c) Auf eine Servierplatte geben und mit Feta, den restlichen ½ Tasse Walnüssen und den restlichen ½ Tasse Granatapfelkernen belegen.

d) Aufschlag.

88. Herbstsalat mit Goji-Beeren

ZUTATEN:
FÜR DEN SALAT:
- 1 5-Unzen-Packung Babyspinat
- 5 Unzen Feta-Käse-Streusel
- ¾ Tasse Pekannusshälften
- 1 grüner Granny Smith Apfel in Scheiben geschnitten und entkernt
- 2-Unzen-Packung Goji-Beeren

FÜR DAS DRESSING:
- ¼ Tasse EVOO
- ¼ Tasse Apfelessig
- ¼ Tasse Honig
- ¼ Teelöffel Meersalz
- ¼ Teelöffel Pfeffer

ANWEISUNGEN:

a) In eine große Salatschüssel Spinat geben und mit Feta, Pekannuss, Apfel und Goji-Beeren belegen.

b) Geben Sie in ein kleines Glas EVOO, Apfelessig, Honig, Salz und Pfeffer.

c) Setzen Sie einen Deckel auf das Glas und schütteln Sie es kräftig, bis es vermischt ist.

d) Dressing auf den Salat geben.

e) Genießen!

GEWÜRZE UND BEILAGEN

89. Geladene griechische Pommes

ZUTATEN:
- 4 große rostrote Kartoffeln
- Pflanzenöl zum Braten
- Salz nach Geschmack
- 1 Tasse Tzatziki-Sauce
- ½ Tasse zerbröckelter Feta-Käse
- Geschnittene Kalamata-Oliven
- Gewürfelte Gurken
- Gehackter frischer Dill

ANWEISUNGEN:
a) Bereiten Sie die klassischen hausgemachten Pommes Frites zu.
b) Sobald die Pommes gar sind, geben Sie sie in eine Servierschüssel und bestreuen Sie sie mit Salz.
c) Die Tzatziki-Sauce großzügig über die Pommes träufeln.
d) Den zerbröckelten Feta-Käse darüber streuen.
e) Streuen Sie die geschnittenen Kalamata-Oliven und gewürfelten Gurken über die beladenen Pommes Frites.
f) Mit gehacktem frischem Dill garnieren.
g) Sofort servieren und das aromatische griechische Gericht genießen

90. Topinambur mit Granatapfel

ZUTATEN:

- 500g Topinambur
- 3 Esslöffel natives Olivenöl extra
- 1 Teelöffel Schwarzkümmelsamen
- 2 Esslöffel Pinienkerne
- 1 Esslöffel Honig
- 1 Granatapfel, längs halbiert
- 3 Esslöffel Granatapfelmelasse
- 3 Esslöffel Feta, zerbröselt
- 2 Esslöffel glatte Petersilie, gehackt
- Salz und schwarzer Pfeffer

ANWEISUNGEN:

a) Heizen Sie den Ofen auf 200 °C/400 °F/Gas Stufe 6 vor. Schrubben Sie die Artischocken gut und halbieren oder vierteln Sie sie dann je nach Größe. Legen Sie sie in einer einzigen Schicht auf ein großes Backblech und beträufeln Sie sie mit 2 Esslöffeln Öl. Gut mit Salz und Pfeffer würzen und anschließend mit den Schwarzkümmelsamen bestreuen. 20 Minuten lang rösten, bis die Ränder knusprig sind. Pinienkerne und Honig für die letzten 4 Minuten des Garvorgangs zu den Artischocken geben.

b) In der Zwischenzeit die Granatapfelkerne herausschlagen. Schlagen Sie mit einer großen Schüssel und einem schweren Holzlöffel auf die Seite jedes halbierten Granatapfels, bis alle Kerne herausgeplatzt sind. Entfernen Sie jegliches Mark. Gießen Sie den Saft in eine kleine Schüssel und fügen Sie den Granatapfelsirup und das restliche Olivenöl hinzu. Zusammenrühren, bis alles gut vermischt ist.

c) Wenn die Artischocken und Pinienkerne fertig sind, auf einer Servierplatte verteilen und mit den Kernen bestreuen. Das Dressing über alles gießen und zum Schluss mit einer Prise Feta und Petersilie bestreuen.

91. Käseartiges Artischockenpesto

ZUTATEN:
- 2 Tassen frische Basilikumblätter
- 2 Esslöffel zerbröselter Feta-Käse
- ¼ Tasse frisch geriebener Parmesankäse ¼ Tasse Pinienkerne, geröstet
- 1 Artischockenherz, grob gehackt
- 2 Esslöffel gehackte, in Öl eingelegte sonnengetrocknete Tomaten
- ½ Tasse natives Olivenöl extra
- 1 Prise Salz und schwarzer Pfeffer nach Geschmack

ANWEISUNGEN:
a) Geben Sie alle Zutaten außer Öl und Gewürzen in eine große Küchenmaschine und zerkleinern Sie alles, bis alles gut vermischt ist.
b) Während der Motor langsam läuft, Öl hinzufügen und pulsieren, bis eine gleichmäßige Masse entsteht.
c) Mit Salz und schwarzem Pfeffer würzen und servieren.

92.Spinat und Kartoffeln

ZUTATEN:
- 4 mittelgroße rostrote Kartoffeln, gewaschen
- 1 Esslöffel Oregano
- 1 Esslöffel Olivenöl, extra vergine
- 3 Knoblauchzehen, zerdrückt
- 1 Teelöffel koscheres Salz
- ⅓ Tasse heller Frischkäse
- 1 Tasse Zwiebel, gewürfelt
- 1 Teelöffel gemahlener Pfeffer
- 1 Pfund Spinat, gehackt
- 1 Tasse zerbröckelter Feta-Käse

ANWEISUNGEN:
a) Heizen Sie den Ofen auf 400 Grad F vor.
b) Direkt auf der mittleren Schiene backen, bis sie weich sind, 50 bis 60 Minuten.
c) In einem Topf das Öl erhitzen.
d) Zwiebel hinzufügen und 3 Minuten kochen, bis die Zwiebel weich ist.
e) Spinat, Knoblauch und Oregano hinzufügen.
f) Unter ständigem Rühren kochen, bis die Mischung heiß ist, etwa 4 Minuten.
g) Ordnen Sie die Kartoffelschalen in einer 9 x 13 Zoll großen Pfanne an.
h) Frischkäse, Pfeffer und Salz mit einem Stabmixer zerkleinern.
i) Spinatmischung und ½ Tasse Feta unterrühren. Füllen Sie jede Kartoffelschale mit etwa einer ¾ Tasse Füllung. Den restlichen 1 Esslöffel Feta darüber streuen.
j) 25 bis 35 Minuten backen, bis der Belag raucht und der Feta goldbraun ist.

NACHTISCH

93. Wassermelone und mikrogrüne Verrines

ZUTATEN:
- 1-½ Teelöffel geschmacksneutrales Gelatinepulver
- ½ Tasse Honig
- 1 Esslöffel gehackte frische Minze
- Koscheres Salz
- 1 reife Birne, z. B. rote Anjou
- 1 Esslöffel frischer Zitronensaft
- 2 Mini-Gurken, der Länge nach halbiert und in Halbmonde geschnitten
- 4 Unzen Feta, in ¼-Zoll-Würfel geschnitten
- 2 Tassen ⅓-Zoll gewürfelte Wassermelone
- ¼ Tasse Microgreens oder kleine Rucolablätter

ANWEISUNGEN:

a)   Geben Sie Wasser in eine kleine Schüssel, streuen Sie die Gelatine darüber und lassen Sie es ruhen.

b)   Den Honig in einem 1-Liter-Topf bei mittlerer Hitze schmelzen. Die Gelatine hinzufügen und umrühren, bis sie sich auflöst.

c)   Salz und Minze hinzufügen.

d)   In eine 20 cm große quadratische Auflaufform gießen und 1 bis 2 Stunden im Kühlschrank lagern, bis es fest ist.

e)   Bis zu 1 Tag vor dem Servieren die Birne halbieren und entkernen; Schneiden Sie 8 dünne Längsscheiben zum Garnieren ab und schneiden Sie den Rest in ¼-Zoll-Würfel.

f)   In einer kleinen Schüssel die Birne (in Scheiben geschnitten und gewürfelt) mit dem Zitronensaft und ¼ Teelöffel Salz vermischen.

g)   In einer anderen Schüssel die Gurke mit Salz vermengen.

h)   Schneiden Sie die Gelatine in ¼-Zoll-Quadrate und nehmen Sie sie mit einem versetzten Spatel aus der Auflaufform.

i)   Die gewürfelte Birne, dann die Gurken, die Gelatine, den Feta und die Wassermelone gleichmäßig in acht 8 bis 10 Unzen fassende Gläser mit flachem Boden verteilen.

j)   Jeweils eine Birnenscheibe darauflegen und mindestens 20 Minuten kalt stellen.

k)   Kurz vor dem Servieren mit den Microgreens garnieren.

94.Mikrogrüne gefüllte Spanakopita

ZUTATEN:

- 1 Rolle Phyllo-Teig
- 8 Unzen gefrorener Spinat (aufgetaut)
- 4 Unzen zerbröckelter Feta-Käse
- 2 Esslöffel gehackte Zwiebel
- 1 großes Ei
- ⅛ Teelöffel koscheres Salz
- ⅛ Teelöffel gemahlene Muskatnuss
- 1 Stück ungesalzene Butter
- 1 ganzer Grünkohl Microgreen Seed Quilt
- Garnitur: Microgreens und Salz nach Geschmack

ANWEISUNGEN:

a) Heizen Sie den Ofen auf 375 °C vor. Drücken Sie überschüssiges Wasser aus dem aufgetauten Spinat heraus.

b) Den Spinat mit den Microgreens, Feta, Ei, Salz, Muskatnuss, Zwiebel, Salz und Pfeffer in eine Schüssel geben. Zum Kombinieren umrühren.

c) Butter in einem kleinen Topf schmelzen und einen Backpinsel bereithalten.

d) Nachdem Sie den Blätterteig ausgerollt haben, schneiden Sie jedes Blatt mit einem scharfen Messer vertikal in zwei Hälften, sodass zwei Sätze Rechtecke entstehen.

e) Bestreichen Sie das obere Filoblatt mit Butter und legen Sie es auf eine ebene Fläche.

f) Legen Sie ein weiteres Blatt Phyllo darauf.

g) Nochmals mit Butter bestreichen.

h) Wiederholen Sie den Vorgang mit einem dritten Blatt, um drei Schichten zu erstellen.

i) Geben Sie zwei großzügige Esslöffel der Füllung auf die Ecke des Filoteigs.

j) Nehmen Sie diese Ecke und falten Sie sie über die Füllung, so dass ein Dreieck entsteht.

k) Drücken Sie die Füllung in das Dreieck, um sie gleichmäßig zu verteilen.

l) Eine kleine Menge Butter darüber streichen.

m) Den Teig immer wieder falten, bis ein kleines Dreieckspaket entsteht.

n) Wiederholen Sie den Vorgang, indem Sie die gefüllten Blätterteigblätter auf ein Backblech legen und mit einem Küchentuch abdecken, bis Sie alle Füllungen aufgebraucht haben.

o) Bestreichen Sie die Oberseite der Spanakopita rundherum mit Butter.

p) In den Ofen geben und 20 Minuten backen, bis es knusprig und goldbraun ist.

q) Wenn alles fertig ist, garnieren Sie es mit frischen Microgreens und einer Prise Salz nach Geschmack.

95. Pot Pie nach libanesischer Art

ZUTATEN:
- 3 Esslöffel zerdrückter Knoblauch
- ¼ Tasse zerbröselter Kräuter-Feta-Käse
- 1 Eigelb
- 1 gefrorenes Blätterteigblatt, aufgetaut, halbiert
- 2 Tassen gehackter frischer Spinat
- 2 Hähnchenbrusthälften ohne Knochen und ohne Haut
- 2 Esslöffel Basilikumpesto
- 1/3 Tasse gehackte sonnengetrocknete Tomaten

ANWEISUNGEN:S
a) Stellen Sie Ihren Ofen auf 375 Grad F ein, bevor Sie etwas anderes tun.
b) Bestreichen Sie die Hähnchenbrüste mit einer Mischung aus zerdrücktem Knoblauch und Eigelb in einer Glasschüssel, decken Sie sie dann mit einer Plastikfolie ab und stellen Sie die Hähnchenbrüste mindestens vier Stunden lang in den Kühlschrank.
c) Geben Sie die Hälfte des Spinats in die Mitte einer Teighälfte und legen Sie dann ein Stück Hähnchenbrust darüber, bevor Sie 1 Esslöffel Pesto, sonnengetrocknete Tomaten, Feta-Käse und dann den restlichen Spinat hinzufügen.
d) Mit der anderen Teighälfte einwickeln.
e) Wiederholen Sie die gleichen Schritte für die restlichen Bruststücke.
f) Alles auf eine Auflaufform legen.
g) Im vorgeheizten Ofen etwa 40 Minuten backen oder bis das Hähnchen zart ist.
h) Aufschlag.

96. Spinat- und Feta-Puffs

ZUTATEN:
- 1 Blatt Blätterteig, aufgetaut
- 1 Tasse frischer Spinat, gehackt
- ½ Tasse zerbröckelter Feta-Käse
- ¼ Tasse gehackte sonnengetrocknete Tomaten
- 1 Ei, geschlagen
- Salz und Pfeffer nach Geschmack

ANWEISUNGEN:

a) Den Ofen auf 200 °C (400 °F) vorheizen.

b) Rollen Sie den Blätterteig auf einer leicht bemehlten Arbeitsfläche etwa ¼ Zoll dick aus.

c) Den Blätterteig in 9 gleich große Quadrate schneiden.

d) In einer Schüssel Spinat, Feta-Käse, getrocknete Tomaten, Salz und Pfeffer vermischen.

e) Etwa 1 Esslöffel der Spinatmischung auf jedes Blätterteigquadrat geben.

f) Falten Sie die Ecken des Blätterteigs nach oben und über die Füllung und drücken Sie die Ränder zusammen, um sie zu verschließen.

g) Jeden Blätterteig mit geschlagenem Ei bestreichen.

h) 15-20 Minuten backen, bis sie goldbraun sind.

97. Feta-Ricotta-Fondue

ZUTATEN:
- 3 Esslöffel Butter oder Margarine
- 4 Unzen Feta-Käse, gewürfelt
- ⅛ Teelöffel Pfeffer, schwarz
- 1 Zitrone, Saft davon
- 1 Esslöffel Petersilie, gehackt
- 1 Tasse Ricotta-Käse

ANWEISUNGEN:
a) Die Butter in einer schweren 20-Zoll-Pfanne oder einem 1-Liter-Topf bei schwacher Hitze schmelzen.
b) Feta- und Ricottakäse sowie Pfeffer hinzufügen. Unter ständigem Rühren kochen und den Käse leicht zerdrücken, bis er weich wird und Blasen zu bilden beginnt – etwa 5 Minuten.
c) Zitronensaft einrühren und nach Belieben mit Petersilie garnieren. Sofort servieren; Wenn das Fondue abkühlt, verliert es an Geschmack.

98. Kräuterkuchen

ZUTATEN:

- 2 EL Olivenöl, plus etwas Olivenöl zum Bestreichen des Teigs
- 1 große Zwiebel, gewürfelt
- 500 g Mangold, Stiele und Blätter fein zerkleinert
- 150 g Sellerie, in dünne Scheiben geschnitten
- 1¾ oz / 50 g Frühlingszwiebel, gehackt
- 1¾ oz / 50 g Rucola
- 30 g glatte Petersilie, gehackt
- 1 oz / 30 g Minze, gehackt
- ¾ oz / 20 g Dill, gehackt
- 120 g Anari- oder Ricotta-Käse, zerbröselt
- 3½ oz / 100 g gereifter Cheddar-Käse, gerieben
- 2 oz / 60 g Feta-Käse, zerbröckelt
- abgeriebene Schale von 1 Zitrone
- 2 große Eier aus Freilandhaltung
- ⅓ TL Salz
- ½ TL frisch gemahlener schwarzer Pfeffer
- ½ TL feinster Zucker
- 250 g Filoteig

ANWEISUNGEN:

a) Heizen Sie den Ofen auf 400 °F / 200 °C vor. Gießen Sie das Olivenöl bei mittlerer Hitze in eine große, tiefe Pfanne. Die Zwiebel dazugeben und 8 Minuten anbraten, ohne braun zu werden. Die Mangoldstiele und den Sellerie dazugeben und unter gelegentlichem Rühren 4 Minuten weitergaren. Fügen Sie die Mangoldblätter hinzu, erhöhen Sie die Hitze auf mittelhoch und rühren Sie 4 Minuten lang um, bis die Blätter zusammenfallen. Frühlingszwiebel, Rucola und Kräuter hinzufügen und weitere 2 Minuten kochen lassen. Vom Herd nehmen und zum Abkühlen in ein Sieb geben.

b) Sobald die Mischung abgekühlt ist, drücken Sie so viel Wasser wie möglich aus und geben Sie sie in eine Rührschüssel. Die drei Käsesorten, Zitronenschale, Eier, Salz, Pfeffer und Zucker hinzufügen und gut vermischen.

c) Legen Sie ein Blatt Filoteig aus und bestreichen Sie es mit etwas Olivenöl.

d) Mit einem weiteren Blatt abdecken und auf die gleiche Weise fortfahren, bis Sie fünf mit Öl bestrichene Schichten Filo haben, die alle eine Fläche bedecken, die groß genug ist, um die Seiten und den Boden einer 22 cm großen Kuchenform auszukleiden, plus etwas mehr, um über den Rand zu hängen .

e) Legen Sie den Teig in die Kuchenform, füllen Sie ihn mit der Kräutermischung und falten Sie den überschüssigen Teig über den Rand der Füllung. Schneiden Sie den Teig nach Bedarf ab, um einen 2 cm breiten Rand zu erhalten.

f) Machen Sie einen weiteren Satz aus 5 mit Öl bestrichenen Filoschichten und legen Sie sie über den Kuchen.

g) Den Teig ein wenig zusammenkneten, um eine wellige, ungleichmäßige Oberfläche zu erhalten, und die Ränder so abschneiden, dass er den Kuchen gerade bedeckt. Großzügig mit Olivenöl bestreichen und 40 Minuten backen, bis der Filo eine schöne goldbraune Farbe annimmt.

h) Aus dem Ofen nehmen und warm oder bei Zimmertemperatur servieren.

99.Burekas

ZUTATEN:

- 1 lb / 500 g Blätterteig bester Qualität, rein aus Butter
- 1 großes Freilandei, geschlagen

Ricotta-Füllung

- ¼ Tasse / 60 g Hüttenkäse
- ¼ Tasse / 60 g Ricotta-Käse
- ⅔ Tasse / 90 zerbröckelter Feta-Käse
- 2 TL / 10 g ungesalzene Butter, geschmolzen

PECORINO-FÜLLUNG

- 3½ EL / 50 g Ricotta-Käse
- ⅔ Tasse / 70 g geriebener gereifter Pecorino-Käse
- ⅓ Tasse / 50 g geriebener gereifter Cheddar-Käse
- 1 Lauch, in 5 cm große Stücke geschnitten, blanchiert, bis er weich ist, und fein gehackt (insgesamt ¾ Tasse / 80 g)
- 1 EL gehackte glatte Petersilie
- ½ TL frisch gemahlener schwarzer Pfeffer

SAMEN

- 1 TL Schwarzkümmelsamen
- 1 TL Sesamkörner
- 1 TL gelbe Senfkörner
- 1 TL Kümmel
- ½ TL Chiliflocken

ANWEISUNGEN:

a) Rollen Sie den Teig in zwei 12 Zoll / 30 cm große Quadrate mit einer Dicke von jeweils ⅛ Zoll / 3 mm aus. Legen Sie die Blätterteigblätter auf ein mit Backpapier ausgelegtes Backblech – sie können übereinander liegen, mit einem Blatt Backpapier dazwischen – und lassen Sie sie 1 Stunde lang im Kühlschrank ruhen.

b) Geben Sie jeden Satz Füllzutaten in eine separate Schüssel. Mischen und beiseite stellen. Alle Samen in einer Schüssel vermischen und beiseite stellen.

c) Schneiden Sie jedes Teigblatt in 10 cm große Quadrate. Sie sollten insgesamt 18 Quadrate erhalten. Verteilen Sie die erste Füllung gleichmäßig auf die Hälfte der Quadrate und löffeln Sie sie in die Mitte jedes Quadrats. Bestreichen Sie zwei benachbarte Kanten jedes Quadrats mit Ei und falten Sie das Quadrat dann in zwei Hälften, sodass ein Dreieck entsteht. Drücken Sie die Luft heraus und drücken Sie die Seiten fest zusammen. Sie sollten die Ränder sehr gut andrücken, damit sie sich beim Kochen nicht öffnen. Mit den restlichen Teigquadraten und der zweiten Füllung wiederholen. Auf ein mit Backpapier ausgelegtes Backblech legen und mindestens 15 Minuten im Kühlschrank ruhen lassen, damit es fester wird. Heizen Sie den Ofen auf 220 °C vor.

d) Bestreichen Sie die beiden kurzen Ränder jedes Teigs mit Ei und tauchen Sie diese Ränder in die Samenmischung. Eine kleine Menge Samen mit einer Breite von nur 2 mm genügt, da sie ziemlich dominant sind. Bestreichen Sie die Oberseite jedes Teigstücks ebenfalls mit etwas Ei, wobei Sie die Kerne aussparen.

e) Stellen Sie sicher, dass die Teigstücke einen Abstand von etwa 3 cm haben.

f) 15 bis 17 Minuten backen, bis alles rundherum goldbraun ist. Warm oder bei Zimmertemperatur servieren.

g) Sollte beim Backen etwas Füllung aus dem Gebäck herauslaufen, stopfen Sie es einfach vorsichtig wieder hinein, wenn es abgekühlt genug ist, um es anfassen zu können.

100. Mediterrane Käsetarte

ZUTATEN:
- 8 Blätter gefrorener Phyllo-Teig; aufgetaut
- ¼ Tasse Butter; geschmolzen
- ¼ Tasse Parmesankäse; gerieben
- ½ Tasse Zwiebel; gehackt
- 1 Teelöffel frischer Rosmarin; geschnippelt
- ¼ Teelöffel getrockneter Rosmarin, zerstoßen)
- 1 Esslöffel Olivenöl
- 5 Unzen gefrorener gehackter Spinat; aufgetaut
- ⅓ Tasse geröstete Pinienkerne oder Walnüsse
- 1 Ei
- 1 Tasse Ricotta-Käse
- ½ Tasse Feta-Käse; zerbröckelt
- ¼ Tasse Öl, getrocknete Tomaten; entwässert
- ¼ Teelöffel grob gemahlener Pfeffer
- 1 Esslöffel Parmesankäse; gerieben

ANWEISUNGEN:

a) Phyllo entfalten; Mit Plastikfolie oder einem feuchten Handtuch abdecken, damit es nicht austrocknet. Legen Sie auf eine trockene Arbeitsfläche ein Blatt Phyllo; Mit Butter bestreichen.

b) Mit einem weiteren Blatt Filo belegen, mit Butter bestreichen und mit 1 Esslöffel Parmesankäse bestreuen. Mit den restlichen Phylloblättern, Butter und Parmesan wiederholen. Schneiden Sie das Phyllo mit einer Küchenschere in einen 11-Zoll-Kreis.

c) Geben Sie den Phyllo gleichmäßig in die vorbereitete Form, falten Sie ihn nach Bedarf und achten Sie darauf, dass der Phyllo nicht zerreißt. Decken Sie die Pfanne mit einem feuchten Tuch ab. beiseite legen.

d) Zum Füllen: Zwiebeln und Rosmarin in Olivenöl in einem mittelgroßen Topf kochen, bis die Zwiebeln weich sind. Spinat und Pinienkerne (oder Walnüsse) unterrühren.

e) In der mit Phyllo ausgelegten Springform verteilen. Beiseite legen.

f) Das Ei in einer mittelgroßen Rührschüssel leicht schlagen. Ricotta, Feta, Tomaten und Pfeffer unterrühren. Vorsichtig auf der Spinatmischung verteilen. Mit 1 Esslöffel Parmesankäse bestreuen.

g) Stellen Sie die Springform auf eine flache Backform auf dem Ofenrost. Im Ofen bei 350 °C 35 bis 40 Minuten backen oder bis die Mitte beim Schütteln fast fest erscheint.

h) Die Tarte in der Springform auf einem Kuchengitter 5 Minuten lang abkühlen lassen. Lösen Sie die Seiten der Pfanne. Weitere 15 bis 30 Minuten abkühlen lassen. Entfernen Sie vor dem Servieren die Seiten der Springform. Warm servieren.

ABSCHLUSS

Am Ende dieser kulinarischen Reise hoffen wir, dass die in diesem Kochbuch vermittelten Rezepte und Kenntnisse Ihre Fantasie beflügelt und Ihren Gaumen für die Wunder des Feta-Käses geöffnet haben. Die Vielseitigkeit von Feta kennt keine Grenzen und wir ermutigen Sie, weiterhin mit dieser beliebten Zutat in Ihrer eigenen Küche zu experimentieren.

Egal, ob Sie Feta über einen frischen Sommersalat streuen, ihn zu einer cremigen Nudelsauce schmelzen oder einer süßen Leckerei eine überraschende Note verleihen – denken Sie daran, dass Ihnen die Welt des Feta-Käses zu Füßen liegt. Lassen Sie sich von Ihrer Kreativität leiten, während Sie neue Geschmacksrichtungen, Texturen und Kombinationen entdecken.

Wir hoffen, dass „Fromage Fantasia: Das ultimative Feta-Käse-Kochbuch" Sie dazu inspiriert hat, sich der Magie von Feta hinzugeben und sich auf unzählige köstliche Abenteuer einzulassen. Ganz gleich, ob Sie ein erfahrener Koch oder ein leidenschaftlicher Feinschmecker sind, möge dieses Kochbuch eine Quelle der Inspiration und Freude sein, während Sie Ihren Gerichten den unverwechselbaren Charakter von Feta-Käse verleihen.

Sammeln Sie also Ihre Zutaten, entfesseln Sie den Koch in Ihnen und lassen Sie sich von den bezaubernden Aromen des Feta an die sonnenverwöhnten Küsten des Mittelmeers entführen. Genießen Sie bei jedem Bissen die Freude, neue kulinarische Möglichkeiten zu entdecken und köstliche Mahlzeiten mit Ihren Lieben zu teilen. Viel Spaß beim Kochen!